困境与突破
心理教师身份认同研究

周　宇　著

DILEMMA AND BREAKTHROUGH
A STUDY OF PSYCHOLOGICAL TEACHERS' IDENTITY

上海三联书店

序　言

　　基础教育的心理健康教育教师(以下简称"心理教师")是推进中小学心理健康教育、促进学生身心健康和谐发展的主力军。教育部《关于加强学生心理健康管理工作的通知》明确要求,每所中小学至少要配备一名专职心理健康教育教师。但相较于我国近 1800 万名教师[①]这一世界上规模最大的教育体系,心理健康教育教师可以说是一个微乎其微的群体。但这样一支教师队伍却要肩负起未成年人的心理健康教育工作,直面学生的心理素质提升与身心健康发展,其中的压力与挑战可想而知。近年来,对于心理教师的身份认同与专业发展的研究开始被逐步关注,这也有助于探索这一具有中国特色的教师职业所面对的认同危机和突破困境的能动力。

---

① 中华人民共和国教育部. 一图"数"读,教师队伍建设有这些新进展[EB/OL]. (2021 - 09 - 10)[2021 - 09 - 10]. http://www. moe. gov. cn/jyb_xwfb/s7600/202109/t20210910_561716. html

目　录

第 一 章

为何要关注心理教师的专业身份认同

心理教师是学校心理健康教育的主力军,他们是中小学负责心理健康教育的专业人士①。每所学校都仅有着个位数的他们,肩负着提高学生的心理健康水平,促进学生形成健康的心理素质的重要任务。已有研究表明,身份认同对于认知主体的工作满意度有明显影响,直接影响人在工作中的表现与职业发展,对于心理教师而言,身份认同不仅会影响他们在学校心理健康教育工作中的感受度与满意度,更会影响他们的专业发展。

一、研究背景

(一) 国家对心理健康教育日益关注

中小学心理健康教育是提高中小学生心理素质、促进其身心健康和谐发展的教育,是进一步加强和改进中小学德育工作、全面推进素质教育的重要组成部分。② 我国《中华人民共和国国民经济和社会发展第十四个五年规划和 2035 远景目标纲要》中明确提出提升未成

① 向祖强,张积家. 心理健康教育教师的有效工作技能:基于生态文化的考察[J]. 教育研究,2018,39(7):9.
② 中华人民共和国教育部. 教育部关于印发《中小学心理健康教育指导纲要(2012 年修订)》的通知. [EB/OL]. http://www. gov. cn/xinwen/2021-05/11/content_5605743. html_zbs_baidu_bk,2012.

年人关爱的服务水平，"加强心理健康教育和服务"，同时明确建设一支"高素质专业化教师队伍"。同时，在中小学开展心理健康教育，是学生身心健康成长的需要，是全面推进素质教育的必然要求①。推进此项工作需要的是一支高素质专业化的心理教师队伍。

广大中小学生正处于身心健康发展的重要时期，随着生理与心理的发育发展，他们的社会经验也在不断丰富，认知思维方式也在持续发生变化。当今社会竞争压力有目共睹，这份压力也正在向校园传导，未成年人在学业、校园生活、自我意识、情绪调适、人际交往和升学就业等方面存在着各种各样的心理困扰甚至心理问题。对未成年人的关爱需要基础教育工作者在他们有困扰与问题时及时去发现、及时介入、有效化解，这需要在孩子所在学校内心理健康教育专业人士的及时参与，这对学校心理教师的专业性提出极高的要求。

（二）心理教师身份认同困境的呈现

心理教师在学校负责的是学校心理健康教育课程的实施、学校心理活动的组织、学生心理社团的指导，相较于其他学科需要考试，需要达标，心理课给学生的感受是轻松且没有压力的，但心理教师的感受却恰恰相反，在貌似没有考试压力的同时，授课、辅导、活动指导工作不仅占据了大量的工作时间，更有着难以预料的心理问题和危机事件的发生，如同定时炸弹一样压在心上。心理教师是课堂的传道授业者、辅导室里的学校心理咨询师、心理活动的设计者、家庭教育的指导者、班主任的助手、学校心理健康教育工作的规划者等，多种身份汇聚在一起，心理教师的身份认同存在着多元的困境。

国内对于教师身份认同困境的研究较为丰富，研究的学段包括

---

① 中华人民共和国教育部. 教育部关于印发《中小学心理健康教育指导纲要（2012 年修订）》的通知. ［EB/OL］. http://www. gov. cn/xinwen/2021-05/11/content_5605743. html_zbs_baidu_bk,2012.

大专院校、中学、小学、幼儿园教师等,类型包括乡村教师(宁宁,2022)①、民族地区小学教师(吴海萍,2022)②、小学特岗教师(陈俊珂、姬红燕,2021)③、幼儿园男教师(张芳,2016)④、实习教师(宋崔,周深儿,2016)⑤、师范生(肖维、蔡莉,2022)⑥、班主任(张聪,2017)⑦、资源教师(华兴夏,李拉,2020)⑧、代课教师(杨江玲,方红,2018)⑨,学科方面有涵盖大部分学科的中小学教师大样本调查(李江,2018)⑩,也有单独指向的学科,包括英语(李志坤,2018)⑪、艺术(周兰,2021)⑫、体育(徐剑,2021)⑬、通用技术(徐梅丹,2022)⑭、大学工科(汪子入,2019)⑮、全科(谭婷,2021)⑯、科学(贾龙华,2015)⑰、中职文化课(鲁

① 宁宁.乡村教师职业困境及社会支持策略研究[D].哈尔滨师范大学,2022.
② 吴海萍.民族地区小学教师身份认同研究[D].华东师范大学,2022.
③ 陈俊珂,姬红燕.小学特岗教师身份认同危机及其化解之策[J].教学与管理,2021,No.841(12):55—58.
④ 张芳.幼儿园男教师身份认同困境与对策研究[D].西南大学,2016.
⑤ 宋崔,周深儿.教育实习中师范生身份认同困境的人类学考察——一位新疆师范生的个案研究[J].民族教育研究,2016(6):8.
⑥ 肖维,蔡莉.师范生身份认同的表征、困境及其纾解[J].黑龙江高教研究,2022,40(4):7.
⑦ 张聪.遭遇污名化的班主任:现实困境与身份认同[J].基础教育,2017,14(1):7.
⑧ 华兴夏,李拉.融合教育视域下资源教师专业化面临的双重困境及其应对[J].现代特殊教育,2020(16):3—6.
⑨ 杨江玲,方红.农村代课教师的生存困境及决策诉求[J].教育与教学研究,2018,32(01):83—89+126.
⑩ 李江.从掩蔽到解蔽:教师身份认同的迷失与重塑-基于重庆市1095名中小学教师的调查[J].当代教育科学,2018(2):6.
⑪ 李志坤.中学英语教师文化身份认同困境的成因与对策[J].高等函授学报(哲学社会科学版),2018,031(008):43—45.
⑫ 周兰.高校艺术类教师的身份认同困境与破解路径[J].高教探索,2021,000(004):113—117.
⑬ 徐剑.体育教师被污名化:现实困境与身份认同[J].河北体育学院学报,2021,35(02):67—71.
⑭ 徐梅丹.技术教师是如何理解技术的?——基于我国835位高中通用技术教师的调查[J].中国职业技术教育,2022(27):9.
⑮ 汪子入.新工科背景下学科教师身份认同危机与偃闭策略[J].现代教育管理,2019(2):4.
⑯ 谭婷.农村小学全科教师身份认同个案研究[D].西南大学,2021.
⑰ 贾龙华.学校里的"闲人"[D].陕西师范大学,2015.

瑶,2020)①、书法教育(岳曲、杜霞,2022)②等。

其中,对于学校心理健康教育教师的研究可以追溯到2005年,黄玲对中小学心理健康教育教师身份认同感首次开展研究,发现存在突出问题是"心理教师身份认同模糊甚至偏差"③,并于2007年对我国中小学心理健康教育教师的身份认同进行了现状分析④。刘敏则在2018年对中小学心理教师身份认同再次开展研究,进一步发现中小学心理教师身份认同存在明显问题是"自我认同度不高和社会认同存在困境"⑤。心理教师队伍建设发展至今,依然对于教师身份认同的困境与能动突破研究不充分,期待着更深入的研究与发现。

(三) 心理教师专业发展需求的彰显

心理教师同样期待着专业发展。专业发展相比较于职业发展更为广泛,而职业发展仅仅是在职业生涯周期中出现的成长。⑥ 专业发展,广义上是指一个人在其专业角色(professional role)上的发展,包括学习获得正式的经验(如参加研讨、在职进修和专业会议、指导等)和非正式的经验(如阅读专业出版物,观看与某一学科相关的电视纪录片等)(Ganser, 2000)。教师专业发展的明确提出是源自1966年联合国教科文组织与国际劳工组织发布的《关于教师地位的建议》(*Recommendation concerning the Status of Teachers*),该文件将教育工作视为专业,"教师"一词涵盖学校中负责学生教育的所有人,要

---

① 鲁瑶.中职文化课教师专业身份认同研究——以山东省三所学校为个案[D].曲阜师范大学.2020.

② 岳曲,杜霞.中小学书法教育的困境与突围:基于教师身份认同的视角[J].教育研究与实验,2022(4):5.

③ 黄铃.中小学心理健康教育教师身份认同感的研究[D].湖南师范大学,2005.

④ 黄铃.我国中小学心理健康教育教师身份认同感现状分析[J].中学政治教学参考,2007(11):2.

⑤ 刘敏.中小学心理教师身份认同研究[D].扬州大学,2018.

⑥ Villegas-Reimers, Eleonora. Teacher Professional Development: An International Review of the Literature [M]. UNESCO International Institute for Educaitonal Planning (IEEP), 2003:11 - 15.

求教师作为"一种公共服务形式",应"经过严格的、持续的学习,获得并保持专门的知识(expert knowledge)和专门的技能(specialized skills)"。^① 至此,教师的专业地位获得确认,教师专业发展不仅受到社会各界关注,教育界内部更是备受重视,教师的专业性至今已然成为共识。教师专业发展就是教师在其教师专业角色上的发展,是教师作为专业人员,其在"专业思想、专业知识、专业能力等方面不断发展和完善的过程"^②。

心理教师专业发展同样需要"经过严格的、持续的学习,获得并保持专门的知识和专门的技能"。但已有研究表明,心理教师的专业发展"偏离常态",存在着四大问题"边缘化、对象性意识化、角色复杂化和机械化"^③,"专业意识相较于其他基础学科比较薄弱"^④,"专业知识掌握程度偏低,专业技能发展不均衡"^⑤,现状存在"专业知识不全面、专业成长意识不足、反思意识不够、工作压力繁重、专业培训体系单一、缺乏专业引领"六方面不足^⑥等问题。显然,研究者们已经发现心理教师的专业发展存在着与基础学科教师显著不同的差异,但显然对于专业发展存在问题的身份认同和能动性机理探索依然不足。

二、国内外文献研究概览

教师身份认同是国内外教育研究者们普遍关注的话题,尤其是教师教育研究者进行更多深入思考。为了更好把握教师身份认同研

---

① Recommendation concerning the Status of Teachers［EB/OL］.(1966 - 10 - 05)［2022 - 12 - 20］.http://https://en.unesco.org/about-us/legal-affairs/recommendation-concerning-status-teachers.
② 李进才.高等教育教学评估词语释义［M］.武汉大学出版社,2016:93.
③ 康钊,万龙.心理健康教育教师专业发展的困境与出路［J］.教师教育研究,2017,29(3):6.
④ 田瑞玲.潍坊市城区小学心理健康教师专业发展问题与对策研究［D］.鲁东大学,2013.
⑤ 王娜.四川省中小学心理健康教师专业发展现状研究［D］.四川师范大学,2015.
⑥ 张萌玉.城区小学心理健康教育教师专业发展的问题与对策研究［D］.鲁东大学,2020.

究的进展与趋势,对"教师身份认同"进行文献梳理,探寻其核心概念、研究主题与研究问题。

(一)国内研究现状

本研究以"教师身份认同"为关键词,在中国知网全部范围内共搜索到 496 篇,依照年度呈现发文量趋势(见图 1-1)。按照年度出版量进行分析,从 2006 年开始到 2009 年发文量基本很少,从 2010 年开始发文量逐渐增长,2013 年出现了一个发文量的小高峰,次年略有回落,然后继续保持增长势头一直到 2021 年,即使 2022 年略有回落,也远远高于 2010 年之前的发文数量,说明"教师身份认同"研究领域已经得到一部分的研究者关注。

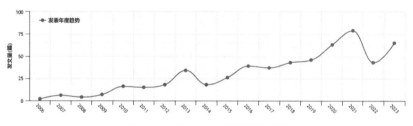

图 1-1　文献年度出版量趋势图

其中,最受关注的前 20 个主题分别为:教师身份认同、身份认同、乡村教师、个案研究、英语教师、教师身份、师范生、新手教师、身份认同危机、大学英语教师、教育实习、高校英语教师、叙事研究、职前英语教师、课程改革、影响因素、农村教师、农村小学教师、初中英语教师、实证研究(见图 1-2)。对这些主题进一步加以梳理,可以看到研究最多的教师对象是英语教师,包括了大学、高校、职前和初中多学段类型的英语教师,其次是乡村教师,还包括了农村教师和农村小学教师,然后是关注研究方法,包括了个案研究、叙事研究、实证研究等,同时可以看到已经有相当一部分研究者关注到了教师身份认同危机的存在。

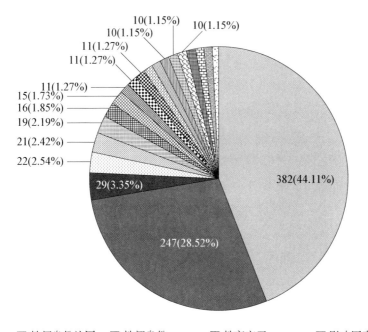

图 1-2　教师身份认同研究主体分布

（二）国外研究现状

以"teacher identity"为主题,在 Web of Science 核心合集中共搜索到文献 11956 条。按照年度出版量进行分析(见图 1-3),1999 年至 2007 年属于研究文献的发文量较少且发展平缓的阶段,2009—2016 年文献研究的发文量呈现明显增长的趋势,2017 年开始至 2020 年文献研究的发文量显著攀升,"教师身份认同"领域得到研究者的关注。

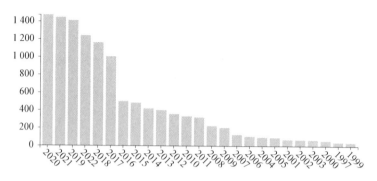

图 1-3 文献年度出版量趋势图

关注研究领域（见图 1-4），可以发现绝大多数（66.552%）的教师身份认同研究集中于教育教学研究，第二位是语言学研究，但占比显著下降（10.647%），第三位至第十位分别是语言与语言学、跨学科社会学、教育科学、多学科心理学、教育心理学、社会学、发展心理学、音乐学等，但所有这些加在一起也只占到所有发文量的四分之一（26.17%）左右。

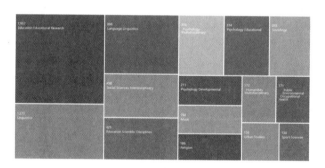

图 1-4 教师身份认同研究的主要领域

研究方法上，有问卷调查、个案研究与质性访谈等。已有研究发现，关键事件在促进初中心理教师专业能力提升方面发挥较好作用[1]。

----

[1] 苏梅. 初中心理健康教育新教师专业成长中的关键事件研究[D]. 四川师范大学,2016.

三、心理教师身份认同研究的核心概念界定

（一）身份与身份认同

身份认同是一个组合词，包含着身份与认同。身份在《辞海》中的含义：人的出生、地位或资格。从中文的解释里我们已经可以看到，身份一词包含着一个人的社会关系、个人特质、社会比较、具有的条件等含义。认同在《辞海》中的解释：共同认可；一致承认。身份认同在中文中的字面含义就是人的身份得到共同的认可。

身份认同，英语对应单词是"identity"，这个词在中文里还可以翻译为"身份；本身；本体；特征；特有的感觉；同一性；相同；一致"等。"identity"在《韦氏词典》的含义有：个体的显著特征或个性；由心理认同建立的关系；与所描述或断言的事物相一致的状态；在不同实例中基本或一般的特征相同；构成事物客观实在性的一切事物的同一性；满足所有符号值的方程等。可以看到，在英语语境下，"identity"包含着对一个人显著的个性特征、心理关系、一般性特征、事物的同一性等含义，是心理学、社会学、哲学、逻辑学中出现较为频繁的关键词。

身份认同作为根植于人类学关怀之中的研究，包含着身份与认同两个内涵。身份是一个人作为自然人的本体在一定社会组织体系中所处的社会地位，包含着个人特质、社会关系、社会比较等一系列有关特征，并具有相对的稳定性和依存性；认同则代表着该主体对这一系列特征的接受承认的主观态度。

专业身份认同是指一个人对于自己在社会组织结构中的专业身份所处的社会地位及相关特征属性主观认可的态度。一个人首先应意识到自己具有的专业身份符号属于哪一个社会群体，同时了解到该身份相应具有的个人特质、社会责任、社会关系、行为规范、处事原

则、价值观等一系列特征属性，随后能从情感态度上认为正确并在行为中体现。

（二）心理教师的专业身份认同

专业身份认同，是指一个人对自己在社会中所拥有职业专业身份及其相关特征属性的主观认可的态度。心理教师的专业身份认同就是指一个人对自身学校心理教师这一职业身份所属的社会群体这样一个身份的清楚意识，同时能够认识到这一专业身份相应的个人特质、社会责任、社会关系、行为规范与职业道德及价值观等一系列特征属性，不仅从情感态度上接受与认可，并在工作中能够体现出来。

心理教师的身份认同是本质上作为心理教师的个体对心理教师这一专业身份所蕴含的教师群体独有的社会专业身份的认同与归属，是心理教师主体围绕着"我"开展的一系列内在的追问："我是谁？""我在做什么？""我要去往哪里？"其核心是经由教师个人作为主体所体认与肯定的自我身份感。[1]

身份认同本身并不是静态的二元态度，而是一个不断动态发展的过程。这个过程是伴随着一位心理教师从师范生到职初期、发展期、成熟期这样的心理教师专业发展的过程共同发展起来的，不同时期的心理教师在身份认同上会遇到不同的境遇乃至困惑，如何应对与突破这些身份认同的困境是与其个人的自我思考、社会环境的作用紧密联系的，也会对未来的专业发展有着重要的影响。

四、研究问题与思路

（一）论文核心问题与子问题

本研究立足于已有文献，在实证研究基础上探析基础教育心理

---

① 容中逵.教师身份认同构建的理论阐释[J].教育研究,2019,40(12):10.

教师的身份认同困境、能动突破与发展。提出假设:心理教师有其独特的身份认同困境。研究聚焦以下问题:

核心问题:心理教师有怎样的专业身份认同?

子问题 1:心理教师专业身份认同的现状?

子问题 2:心理教师身份认同存在怎样的困境?

子问题 3:心理教师如何突破其身份认同困境获得发展?

子问题 4:心理教师身份认同困境与突破的影响因素?

通过开展问卷调查,探析心理教师专业身份认同的真实现状,以及影响心理教师专业身份认同的因素。

通过进行深度访谈,探寻心理教师日常工作中的身份认同困境,构建教师身份认同困境的整体分析框架,探寻心理教师身份认同困境是怎样发生变化的,探寻心理教师身份认同困境的应对与突破的方式,分析影响心理教师身份认同困境与突破的因素。

(二) 研究技术路线图

本文通过研读国内外文献、实地走访和在参与观察、收集资料的基础上形成选题。以对话自我理论作为心理教师身份认同的理论基础,修订《中文版教师专业身份认同问卷》后选取沿海一线城市 220 位学校心理教师开展量化研究了解心理教师专业身份认同现状,选取沿海一线城市中心城区三类职级 9 位学校心理教师开展深度访谈。通过量化数据分析学校心理教师专业身份认同的现状与相关影响因素,通过访谈资料分析对心理教师专业身份认同困境和教师应对与突破的方式进行研究,探寻了影响心理教师专业身份认同困境与突破的重要因素。本研究聚焦研究的核心问题和一系列子问题,依据研究脉络,围绕研究内容的主体设计实施相应研究方法,制定研究技术路线图(图 1-5)如下:

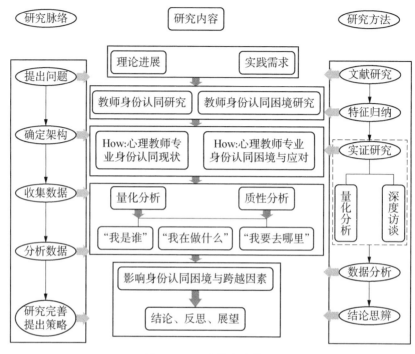

图1-5　研究技术路线图

（三）篇章结构

本研究论文主体一共为九章。

第一章，论述本研究的背景，对心理教师专业身份认同研究的理论与实践意义进行思考，明确研究问题，提出本研究的技术路线图。

第二章，教师身份认同研究的历史回顾。对国内国外教师身份认同研究进行概览，提出心理教师身份认同研究的基本问题与研究方法。

第三章，心理教师专业身份认同的研究设计。对本研究量化研究的研究方法，质性研究的研究方法进行探讨，汇报研究设计中的思考与创新点。

第四章，中文版教师专业身份认同测量工具的修订。通过对量表设计的基础理论的描述,研究样本、研究工具、研究方法、研究结果的汇报,完成问卷修订。

第五章,心理教师专业身份认同的量化研究。通过统计分析探析心理教师身份认同的现状、特征、差异和相关影响因素。

第六章,身份认同困境1:心理教师"我是谁"的认同困境。基于质性研究的资料分析之一,聚焦心理教师"我是谁"的专业身份认同困境与突破。

第七章,身份认同困境2:心理教师"我在做什么"的认同困境。基于质性研究的资料分析之二,聚焦心理教师"我在做什么"的专业身份认同困境与突破。

第八章,身份认同困境3:心理教师"我要去哪里"的认同困境。基于质性研究的资料分析之三,聚焦心理教师"我要去哪里"的专业身份认同困境与突破。

第九章,影响心理教师专业身份认同困境与突破的因素。分析影响心理教师专业身份认同困境的个人、学校、社会因素,探寻影响心理教师应对与突破身份认同困境的个人、学校、区域、社会因素。

结论,对本研究进行结论总结,反思不足并作出展望。

五、研究的意义与价值

作为心理学、社会学研究的一个重要概念,"身份认同"理论受到不同理论研究视角的影响,同时也出现在不同领域的研究中。本研究"心理教师身份认同的困境与突破研究"是通过"心理教师专业"与"身份认同"的关系来透视特定教师群体专业身份中所存在的内在心理困境和外部现实困境,以对话自我理论作为研究的基础理论,立足于复杂思维和动态发展观的对话自我理论从心理教师内在自我对话的主体视角对身份认同困境进行阐释和理解。

本研究以不同专业发展阶段的一线心理教师为研究对象开展实证研究,以调查问卷为量化研究的依据,以访谈研究为质性研究的依据，通过数据分析和访谈资料，关注心理教师现实教育教学实践情境中身份认同困境，了解心理教师是如何对困境进行感知、思考、行动并能动地应对与突破，以及影响身份认同困境与突破的相关因素。

（一）理论意义

教师身份认同的核心是教师自我对自身教师身份所处的社会地位及相关特征属性主观认可的态度。基于主观态度的认同研究更多是基于教师专业实践工作中相关因素的分析与评价，但缺乏基于自我理论的研究，传统更偏向于工作类别中相关因素的态度评价，鲜有基于自我探索的教师身份认同研究理论。本研究尝试运用对话自我理论作为研究的基础理论，从中文版的教师专业身份认同量表的修订，到基于身份认同困境的教师访谈资料分析，进一步发展现有的教师身份认同理论。对话自我理论作为心理学动态发展视角下的自我理论，为教师专业身份认同研究贡献了一种更为详细的方法。[①]

第一，推动教师身份认同研究从单一态度判断走向内在自我对话。在教师教育研究领域，教师身份认同一直存在着单一态度判断的倾向，但作为教师专业成长和职业进步过程中不断发展着的身份认同，必然存在其内在动态建构的特征。相当一部分教师身份认同研究常常集中于对职业相关因素的分析层面，而对于教师内在自我"声音"却是忽视的，这会致使教师身份认同相关理论因过多强调职业外部条件或者教师单一态度判断而停留在教师"理解"的外围隔靴搔痒。本研究旨在对教师身份认同的对话自我部分进行分析与反思，旨在推动教师身份认同研究向动态自我对话的深层次发展，弱化其过于简单的视角。从更广阔的角度来看，基于对话自我理论的教师身份认同研究真正是对教师自我生存现状的理解与关怀。

第二，探寻教师身份认同存在的困境以及教师应对与突破困境

---

① 王超，田小红. 国外教师教育的研究热点与特点探析——基于《教学与教师教育》2008 至 2017 年载文分析［J］. 教师教育学报，2020，7（03）：116—125. DOI：10. 13718/j. cnki. jsjy. 2020. 03. 014.

的内在认知过程。教师身份认同研究一直有对困境的探寻,但教师究竟是如何应对困境甚至能否突破困境却未得到充分把握。本研究深入心理教师身份认同的微观世界,基于对话自我理论对心理教师专业身份认同存在的困境进行细致描绘与解释,旨在推动教师内在自我的身份认同与外显行为之间的特殊状态——认同困境与教师的能动"应对"与"突破"得以被"看见",理解教师面对身份认同困境的内心不同立场的对话,有助于理解教师应对与突破困境的认知模式。

(二) 实践意义

专业教师的身份认同是教师专业能力提升的核心促进因素。培养合格的心理教师,组建具有高效能、积极动机和专业承诺的心理教师队伍,是各区域教育部门面临的重要议题。尽管培养高素质心理教师队伍的重要性受到广泛关注,一系列相关心理教师培养方案与进修课程已经建构,但教师队伍培养的成功关键还是在于对心理教师本身的需求、工作难点与发展期待的深入理解与要点把握。本研究有助于深入理解心理教师的专业身份认同现状、困境与应对机制,从而有助于设计与实施更为契合的心理教师培养措施,从而真正提升心理教师身份认同的水平,稳定提升心理健康教育的师资力量。

第一,促进对心理教师身份认同与教育教学实践的关系理解。关注心理教师身份认同现状和存在困境,是注重身份认同对于教师实践的重要作用,是注重教师自我效能、教学观类型、主观动机和专业承诺对教师实际工作的积极作用。正如实践所示,心理教师的身份认同并不是始终如一的单一态度,而是教师在专业发展和职级晋升的过程中不断面临困惑乃至困境、能动应对并尝试突破的复杂过程,教师身份认同的价值则是在这一系列困境与突破的过程中得以实现的。

第二,拓展教师教育中的身份认同培育路径。在探讨教师身份认同感提升路径时,研究者多从这样几个方面入手:一是教育使命感悟与师德素养提升的理念与思路；或是，有效政策制定与学校氛围营造的理念与思路；抑或是丰富实践知识和提升专业能力的理解与思路。本研究关注心理教师身份认同在专业发展过程中的困境与应对，有助于探寻教师身份认同提升的实践路径。可以与规范性教师队伍专业能力培养相辅相成，不同于指导教师"应该怎样提升工作能力"，本研究建议如何更好地推动教师"在面对复杂多变的身份认同困境"时，更多关注内在不同自我立场的"充分对话"，来帮助决策与能动。因此，本研究深入理解心理教师专业发展的内生动力，丰富心理教师专业身份认同的培育路径，拓展心理教师教育培养项目的构思策略，有效提升心理教师培养的效能。

第二章

回望教师身份认同与存在困境的研究

身份认同的研究,是源于人类对"自己究竟是谁?"这样一个亘古疑问的不断追寻。心理学家设计出著名的"点红实验",在婴儿毫无察觉的情况下,在其鼻子上涂一个无刺激红点,观察婴儿照镜子时的反应,他们能否发现这个红鼻头的"镜"中小孩就是自己……我们已经知道 24 个月左右的婴幼儿就已经能找到自己。那嵌入自我的身份认同又是在何时被我们感知的呢? 在已有的教师身份认同研究中,我们会看到一些什么呢? 这一章我们将来了解相关身份认同的已有的一些研究。

一、对身份认同的思考

教师身份认同研究同样是随着身份认同问题的兴起而发展起来的。身份认同的探索是社会发展现代进程中个体主体意识觉醒的产物,人们对于身份认同的本源、内涵、维度、特征的追索体现的是人们对自身主体精神意识的探寻与接纳,个人在时代发展中体验着传统与现代的碰撞、不同文化的交互,不断进行着对身份认同的反思与重构。

(一)身份认同是什么

身份,在《辞海》中的含义是:人的出生、地位或资格。在中文解释中我们可以看到，身份一词包含着一个人的社会关系、个人特质、社会比较以及所应具有的条件等含义。

认同，在《辞海》中的含义是：共同认可；一致承认。表明个体一种主观上接纳、肯定的态度。

身份认同，在中文里是由一个名字与一个动词组成的结构，字面含义就是对人的身份予以共同的认可。

"identity"，是身份认同在英语中对应的单词。这个词在中文里还可以翻译为"身份；本身；本体；特征；特有的感觉；同一性；相同；一致"等。"identity"在《韦氏词典》的含义是：个体的显著特征或个性；由心理认同建立的关系；与所描述或断言的事物相一致的状态；在不同实例中基本或一般的特征相同；构成事物客观实在性的一切事物的同一性；满足所有符号值的方程等。可以看到，在英语语境下，"identity"包含着对一个人显著的个性特征、心理关系、一般性特征、事物的同一性等含义，是心理学、社会学、哲学、逻辑学中出现较为频繁的关键词。

身份认同包含着客观与主观的双重属性，是个体对于某个人或某些人所拥有的某个身份所具有的相关特征属性主观认可的态度。首先，身份是一种客观存在，其作为一个人的社会属性，定义着身份拥有者的个人特征、人格特质、社会角色等，指向其归属于怎样的社会群体，是一种社会分化的表征，有其自身社会内运作的规则。但同时，身份认同是人作为认知主体对自己所拥有身份的主观态度，有其内在自我的心理部分，本质上是主体在特定社会的文化关系中对于自我身份的反思、追问、定位与承认，这种主观态度是会存在个体差异的。一个人对自我身份的认知必然受到特定社会环境中他人的反馈评价的影响，这种认同产生并包含于特定身份的人与他人互动之间实在性的社会关系中，"我是谁""我应该做什么""我应该成为怎样的"的思考也必然会不同程度地将社会环境中的他人反馈纳入。因此，身份认同的研究从一开始就需要同时关注个体的内在与其所处的社会环境，但最终还是需要落脚于个人自我的主观感受。

　　身份认同包含着个体认知与行为的双层含义,是个体关于某个身份所具有的对相应思维信念的内容认知和相应行动的操作认识。首先,多元身份共同构成了一个人对自我的认知,就是当一个人想到自身时脑海中会浮现的相关思绪,是一个人相信什么是自己会去思考和反思的内容。包括对个人身份和社会身份的认知。个人身份包括了一个人的特征、特质和属性、目标和价值观以及生存方式等。[①] 而社会身份包括了个人角色、人际关系和群体成员关系,以及与这些角色、关系和成员关系相一致的特征、特质、属性、目标和价值观等。[②] 同时,伴随着与身份相应的思维认知,人们还会有一系列随之有意识进行的行动操作,里面包括个体对身份相应行动内容的了解、准备的明晰、过程的思考和结果的预测,尤其在面对相应行动阻碍和困难时,如何运用心态来克服困境甚至创造意义。在这里,身份认同的主体能动的张力得以彰显,是具有行为动机的,研究表明,身份认同会影响人们的行为动机,包括如何思考和理解自己与他人、采取的相应行动、自身的感受及控制调节自己的能力。[③]

　　因此,身份认同具有连续性、方向性、协商性、动态建构等特征。首先,身份认同具有连续性,会关注一个人过去确实发生了什么、此刻真实的是什么、未来期望发生什么或成为什么,也包括期望未来不发生或者不成为什么,在这个过程中个人主体既是不断变化发展着的,同时又是具有主体同一特征的。其次,身份认同具有方向性,它们会引导人们集中注意力,从一个有意义的镜头中关注具体语境中的某些特征,同时忽略其他特征。再者,身份认同是协商的过程,不同情境下的角色基于不同立场交换意见、共同商量以达成一致。最后,身份认同是动态建构的,是在具体情境中的当下动态建构而成

① Oyserman D, Elmore K, Smith G. Oyserman, D. Elmore, K. & Smith, G. Self, self-concept, and identity. Handbook of self and identity [M]. The Guilford Press, 2012: 69–104.

② 同上.

③ 同上.

的，并不是传统所认为的那样是种固定标记。^① 身份认同是跨情境的，很可能在一种情境下，人作为主体做出的抉择会感觉到与自己身份存在一致性（identity-congruent），但另一种情境下，即使做出相同的抉择很可能却感觉不到与自己身份的一致性。其中，自我感觉（self feel）像一个可以提供稳定支点的锚，当人们在变化的环境中动态构建自己的身份时，自我感觉会帮助他们关注自己身份的状态，保持与当下环境的支持与约束相一致。^② 虽然依据情境变化随之进行改变是人类重要的能力，但同时这也体现出身份认同建构的复杂与多变。

（二）身份认同的学科视角

我们可以从不同学科视角来审视已有的对身份认同的研究。关于身份认同的思考有一个古老的历史，但是成为学术概念进行研究却只是近几十年的事，通常认为是心理学家埃里克森（Erikson，1968）在其著作《身份：青年与危机》（*Identity：Youth and Crisis*）中对身份和认同危机的描述激发了对身份认同的研究。我们先在不同学科中探寻一下对于身份认同相关的思考。

在人格研究中，身份认同常常与自我同时或者交替出现，是自我内在的、主体性的概念，是一个人自我的重要组成部分。具有人格就意味就有着一定的心理历程和心理结构，具有一系列的内在认知、信念、记忆和心理特征。^③ 人格同一性提出的问题是这样的，首先"是什么使得一个人成为他现在所是的这个人"，然后"即使随着时间的推移，是什么使得一个人依然保持是同一个人？"这不仅会让我们联想到那个古老的思想实验"忒修斯之船（The Ship of Theseus）"，讲述的

---

① Oyserman D, Elmore K, Smith G. Oyserman, D. Elmore, K. & Smith, G. Self, self-concept, and identity. Handbook of self and identity [M]. The Guilford Press, 2012: 69–104.

② 同上。

③ David Stewart, Gene Blocker, James Petrik. 哲学基础[M]. 中国轻工业出版社，2020：134—146.

是有这样一艘船，在一直航行的过程中需要不断地维修和保养，自然也会替换部件，比如损坏的船板、松动的零件，乃至更多船的部件，那问题来了，如果有一天所有的船的功能部件都已经被更换过，都已经不是最开始的那些了，那最终这艘船是否还是原来的那艘呢？人的发展成长亦是如此，人在不同时间阶段的同一性问题也是一直在讨论的话题。正如赫拉克特利所说，人不可能两次踏入同一条河流，那我们又如何确定这两次踏入的河流是同一条呢？带着烧脑的疑问再来思考人格的同一性，就会关注到随着时间和经历，其实人的成长与发展是始终存在的，但也有一些"人格"的部分是保持不变的，人究竟经历多少变化依然保持同一，或许这是一个依然在探索的问题。正如后现代主义认识到，全球化日益发展的今天，个体的身份不再是一个固定的实体，而是处于一个动态的、不断构建的过程中，既然人们会随着时间的推移而发展自我，在各种情况下以不同的方式定位自我，那在流动着的我们又如何能被认为与昨天是"同一个人"呢？

　　在逻辑学研究中，被译为同一性的，是指认同的对象之间要符合相同的逻辑关系，通常分为性质同一（qualitative identity）和数量同一（numerical identity），前者追问的是"A 和 B 是否同质"，后者追问的是"A 和 B 是否同一"，两者含义是有区别的。如果两个事物有共同的属性，没有任何属性上的区别，那就是性质上相同，即 A 和 B 是同质的；如果两个事物是同一实体，指定它们的术语具有相同的指称时，就是说在数量上是一个（Being ONE in number），那就是数量同一，即 A 和 B 是同一的。性质同一性在追问"A 和 B 是否同质"时，通常暗含的问题为"什么（不）相同"；数量同一性在追问的"A 和 B 是否同一"时，包含着的问题是"同一个什么"。于是，认同的概念就是意指两个或更多的关系，是在三段论中不改变其真值可以相互替代的因素之间的关系。[①] 三段论推理是演绎推理的一种简单常见的推理

---

① 周宪.文化间的理论旅行——比较文学与跨文化研究论集[M].译林出版社，2017：46—65.

判断，是以一个一般性的原则（大前提）以及一个附属于一般性的原则的特殊化陈述（小前提），由此引申出一个符合一般性原则的特殊化陈述（结论）的过程，大前提包含大项和中项的命题，小前提包含小项和中项的命题，结论包含小项和大项的命题，比如"所有心理教师都需要学习心理辅导的知识与技能"（大前提），"我是心理教师"（小前提），"所以我要学习心理辅导的知识与技能"（结论）。

在哲学研究中，关注的是心脑同一性（mind-brain identity theory），这不属于身份认同的范畴，而是关于心身关系问题的哲学思考，探讨的是心脑是否是同一的，究竟是不是两种不同的实体或属性，心理状态时脑的物理状态或过程究竟是怎样的。[①] 这也是古希腊时期哲学的一个经典命题"思维与存在具有同一性"，正是苏格拉底把哲学研究对象从天地万物的本源转向人类自身，提出著名的哲学主题"认识你自己"。可以看到对于身份认同的研究，需要关注人类个体的内在思想、情绪、感觉与情境环境中的外在行为表现的相关性，而不仅仅关注片面，更重要的是心身的共存状态必然随着环境事件的经历而发生着动态的变化，因此身份认同的研究同样要运用动态的视角来审视。

（三）身份认同存在着困境与冲突

当人们审视着自身在社会结构组织中的存在，不断追问着自己是"谁"和我们是"谁"的时候，是对自己身份的探寻，当继续追问着如何是"谁"以及为什么是"谁"的时候，寻求的是对身份的"认同"。从自我的反思到集体心理的分析，身份认同的理论研究可以集中在心理学和社会学的领域。

心理学中的身份认同研究是伴随着"自我（self）"的研究出现的，正如詹姆斯（James）所说的那样"一个人在社会中所处的位置不同，那么就有很多不同的自我"，自然也就有了不同的身份认同，于是身

---

① 夏基松，张继武. 现代西方哲学辞典［M］. 安徽人民出版社，1987：64.

份认同进入了整体的自我，整体的自我被组织成多个部分（身份），每个部分都与社会结构的各个方面相关联。① 身份认同在心理学中也被翻译为同一性，是在人格心理学研究领域中的术语，指一个完整成熟个体人格发展所具有的一致感、连续感、统合感的主观概念。② 这是一种统合，包含着社会与个人、个体的主体与客体、个体对历史任务的认识与个人愿望等不同方面的统合。③ 心理学家埃里克森在进行自我研究时，在其 1950 年的著作《童年与社会》中使用这心理学术语来命名一个人成长发展的第五阶段，即青年期（12—18 岁）的人生发展任务就是形成自我意识和自我角色的同一感，是指一个人对自己的本质、信仰及一生价值取向的一种相当一致和比较完满的意识。在这个时期，青年人会具有一种关于自己是谁、在社会中应占怎样的地位、将来准备成为怎样的人，以及怎样努力成为理想中的人等一系列问题的觉知与困惑。④

　　身份认同存在着冲突，是源于自我身份的复合性。自我是身份的复合体，每个人都有多个身份、多个内化的位置指定，对应于这个人在社会中所拥有的每个不同的社会地位、角色与社会关系。复合身份之间冲突的存在是必然的。作为教师的自我是一种身份，作为母亲的自我是一种身份，作为朋友的自我也是一种身份，一个人可能拥有多种角色。身份是指一个人作为群体成员、角色持有者或个人所拥有的意义，作为教师、母亲或朋友的内涵、特征与意义构成了相应身份的全部内容。人们常常会拥有着多种身份生活，比如既是教师又是母亲、又是同事又是朋友。有些身份互相并不影响，但有些身份之间可能会存在冲突。正如希金斯（Higgins）在其自我差异理论（Self-Discrepancy Theory）中对个体"理想自我、应该自我、真实自我"

① Stets J E, Burke P J. A sociological approach to self and identity [J]. Handbook of self and identity, 2003,128152:23 - 50.

② 林崇德,杨治良,黄希庭. 心理学大辞典[M]. 上海教育出版社,2003:1253.

③ 同上.

④ 同上.

进行分析时所描述的现实举例，一些女性会存在成为成功的专业人士的愿望，与社会环境认为她们应该成为合格的母亲或家庭主妇的角色愿望之间产生冲突。①

自我认同存在着危机。埃里克森提出同一性危机，也叫同一性混乱、角色混乱，他用以指青年期的人们在认识自我在社会中的地位、角色、作用的过程中会产生的自我意识混乱的情况，是自我发展所感受到的不一致感、割裂感、困惑迷茫的主观体验。② 埃里克森在这里的自我同一性（ego-identity）是指一个人的能意识到的、与他人相区别而存在的自我状态，并且这自我状态具有的连续性和稳定性的特征，正如昨天的我和今天的我、镜中的我和现实的我、甲地的我和乙地的我都属于同一个自我，一个人自我的内部状态和外部环境具有整合协调一致的特征。③ 埃里克森认为，要建立自我同一性，防止自我同一性混乱，关键在于个体的理想自我和现实自我达成统一。④ 正如，霍妮提出的自我统合（self-identity）的人格心理学术语，只有一个人的人格结构中理想自我、真实自我和现实自我三者互相保持和谐一致时，一个人才是达到自我统一的状态。

身份认同同时也是社会建构的产物。学者提出从三个视角理解身份是社会的产物，人们会从所处的社会背景、文化环境、对他人重要的事情中认识到什么是重要的、什么是可能的、什么是需要解释的，并据此来定义与自己相关的身份角色等，并在与他人的交往中通过他人的反馈、支持得以强化。⑤ 因此，心理学还将身份认同分为个人身份认同与社会身份认同。社会身份认同，是个体对所属群体主

① gins E T. Self-discrepancy: a theory relating self and affect. [J]. Psychological Review, 1987,94(3):319-40.

② 林崇德,杨治良,黄希庭.心理学大辞典[M].上海教育出版社,2003:1254.

③ 同上.

④ 同上.

⑤ Oyserman D., Elmore K., Smith G. Oyserman, D. Elmore, K. & Smith, G. Self, self-concept, and identity. Handbook of self and identity [M]. The Guilford Press, 2012: 69-104.

观感受肯定与认同,并获得与所属群体的统合感与归属感,从而遵循
该群体的规范与准则并用于规范自身的社会行为。[①] 同时,个体的行
为、所属群体的规定性,即该群体区别于他事物的特征属性,共同决
定着环境中的他人对某一个体的基本印象。[②] 人们会为了保持更为
积极的自我概念,寻求更受社会他人肯定与尊敬的社会群体,归属其
中以获得认同。

(四) 身份认同具有能动张力

当我们在考察不同个体的身份之间相互作用的本质时,我们可
以从两个不同的角度出发:能动性和社会结构。身份认同所嵌入的
社会结构是相对固定的,人们扮演着各种被赋予的角色。社会结构
会遵循一定的原则存在与发展,但一个人作为主体同样具有能动作
用,可以通过行为选择和决策来推动一个角色的创造与发展,特别是
当一个人存在主观态度倾向的身份认同会推动一个身份角色进一步
发展。同时,当一个人在某个身份角色上自我的主观感受良好时,也
会产生更多的身份认同。因此,身份之间相互作用的研究本质上就
意味着同时对社会结构和能动在进行研究[③]。在这里,我们关于个人
能动性的探讨不同于社会学更宏大的关于人类是否具有能动性的讨
论,而是关注身份认同本身的能动性,是我们相信人们在受到社会结
构和自身个人因素的影响的同时,个体有能力影响他们的生活和
环境。

身份认同具有自我活动的张力。埃里克森在他的著作《洞见与
责任》中阐述了对"身份"的思考,他从自己的移民身份出发,描述了
对身份的理解,更是与弗洛伊德的一种心理机制"把被动变为主动"
联系在一起,并将其视为维护人类个性的关键,这一机制使得人们维

---

① 林崇德,杨治良,黄希庭. 心理学大辞典[M].上海教育出版社,2003:1068.
② 同上.
③ Stets J. E., Burke P. J. A sociological approach to self and identity [J]. Handbook of self and identity, 2003,128152:23-50.

持与恢复个体地位,这一个体地位具有三大特征:中心性、整体性和主动性①。不同于弗洛伊德对认同偏向心理防御机制的理解,在这里埃里克森明确提出身份对于个体而言是具有能动性的心理机制,是一种"自我的活动张力",并认为每一个人有一种在命运中扮演积极的角色并进行选择的需求与动力。②

　　身份认同具有结构化的组成,是一种理解世界的方式。当一个身份认同的意识被唤醒,联想到的不仅仅是身份的内容,还有相关的行为和思考世界的方式。③ 可以试想一下,某个身份的概念会让我们想到关于该身份的信念、相关的规范、价值观、相应的行为和在情境中分析、思考、决策的偏向等,里面包含着一种心态和理解世界的方式,更有行动的内容与方式。一系列的实验表明人们一旦意识到自己的身份,就会有相应的行动的发生与强化,比如来自其他地区的美国移民会选择更多典型的美国食物,哪怕这些食物相较他自己民族的食物更为不健康;另一项研究中,当研究者让被试学生(实验组)相信他们所学专业的人比另一个专业的学生(对照组)更为整洁时,实验组学生在后续的行为表现的确更为整洁。④ 教师研究表明,教师身份认同与教师能动相互作用,教师当前的每一个决定与行动,都是过去的行动与当前环境共同影响的结果,也是形成进一步行动的重要条件,即教师们的行动受到其所处环境的结构性因素影响,比如拥有的资源、学校的规范、外部的政策等,但教师依然是积极的行动者。⑤

---

① 埃里克森. 洞见与责任[M]. 世界图书出版公司,2017:65—90.

② 同上.

③ Oyserman D., Elmore K., Smith G. Oyserman, D. Elmore, K. & Smith, G. Self, self-concept, and identity. Handbook of self and identity [M]. The Guilford Press, 2012:69 - 104.

④ Oyserman D, Elmore K, Smith G. Oyserman, D. Elmore, K. & Smith, G. Self, self-concept, and identity. Handbook of self and identity [M]. The Guilford Press, 2012: 69 - 104.

⑤ Lasky S. A sociocultural approach to understanding teacher identity, agency and professional vulnerability in a context of secondary school reform [J]. Teaching & Teacher Education, 2005,21(8):899 - 916.

二、教师身份认同

教师身份认同是教师教育实践和专业发展的内生动力和核心因素,对于教师的工作满意度、教育教学质量和学生学习成效具有深远影响。吉(Gee,2000)认为在特定的语境中被认为是某种"人",这就是我们所说的"身份"。[①] 教师身份认同被视为教师职业生涯的组织元素,是教师用来解释、证明和理解自己与他人和整个世界的关系的重要资源[②],同样具有连续性、方向性、动态建构的特征,是一个持续动态发展的过程。[③]

1. 教师身份认同的含义

教师身份认同是指教师对自身作为一名教育工作者相关特征属性的理解和主观接受的态度。这些特征属性涉及教师对自身角色、工作责任和未来使命的情感与认知,强烈影响或深刻决定着教师的教学方式、专业发展以及对待教育变革的态度。究其本质,教师身份认同是一位教师对"我是谁"的思考与回答,是关乎价值观念和行为实践的综合概念(史兴松,程霞,2020)。[④] 教师自我对社会界定的教师内涵的认知与体验(张军凤,2007)[⑤],是教师在与他人交往中获取的关于自我社会差异与身份识别的认知,借此形成对该身份地位角色与职责功能的主观感知、认可接受和践行程度(容中逵,2019)[⑥]。同时,研究表明教师的专业身份认同由与教师的不同环境和关系相关的子认同组成(Bei jaard et al.,2004)。

---

① Gee, James Paul. Chapter 3: Identity as an Analytic Lens for Research in Education. Review of Research in Education [J]. 2000,25(1):99−125.

② Beauchamp C, Thomas L. Understanding teacher identity: an overview of issues in the literature and implications for teacher education: Cambridge Journal of Education: Vol 39, No 2 [J]. Cambridge Journal of Education, 2009.

③ 同上.

④ 史兴松,程霞. 国内教师身份认同研究:回顾与展望[J]. 现代教育管理,2020(4):7.

⑤ 张军凤. 教师的专业身份认同[J]. 教育发展研究,2007(04A):4.

⑥ 容中逵. 教师身份认同构建的理论阐释[J]. 教育研究,2019,40(12):10.

教师身份认同作为教师专业发展的核心议题和逻辑起点,是对教师如何理解角色、教学、学校乃至教育本身的内在探索,具有连续性、方向性、协商性、动态建构等特征。教师身份认同研究的是从关注外在的教师"角色规定"向理解教师内在转变的重要变革,聚焦教师主体自我的内在建构和自我发展,倾听教师的内心声音与"生命存在",推动教师主体能动性的积极发挥和教师专业发展自觉性的提升。[①] 教师个体首先是作为一个人这样一个真实生命体而存在,同时社会对教师的期待与规范也同样被教师动态建构于对自我的思考探寻之中,但这种具有协商性的动态建构是在伴随着教师关于"我是谁?""我在干什么?""我要去往哪里?"这样一系列的追问中逐步探寻、反思与澄清的。

2. 教师身份认同的研究理论与方法

教师身份认同的研究从宏观走向微观,从最初的宏观教育变革背景下教育教学实践与师生互动的形塑作用、转向政治学在社会学视角的影响因素、随后再转向微观的后结构的情境性的日常话语体系研究,理论基础涉及哲学、政治学、社会学、文化学、语言学等多个学科。[②] 已有学者运用文献分析法对自 2008 至 2018 这十年间我国对教师身份认同研究的重要理论框架和研究方法进行分析,包括了社会文化理论、批评话语分析、语用身份理论、会话身份理论等,学者们从社会文化、话语建构、教师知识等不同层面搭建研究的理论框架。[③] 教师身份认同研究的方法六成是以问卷搜集数据的量化研究为主,近三成是采用质性访谈的方法,另有部分研究应用参与观察的民族志方法和与教师反思的语料分析。[④] 可见,定量研究是主流的研究方式,定性研究近年来有逐渐增多的趋势,同时量化与质性有机结合的混

① 李茂森. 教师身份认同研究[M]. 北京师范大学出版社,2014:8—11.
② 裴丽,李琼,张素蕙. 教师身份认同研究的国际前沿与知识基础——基于 2000—2016 年国际核心期刊的文献计量分析[J]. 比较教育研究,2017,39(8):9.
③ 史兴松,程霞. 国内教师身份认同研究:回顾与展望[J]. 现代教育管理,2020(4):7.
④ 同上.

合研究也日趋多见。[①] 国外研究表明教师身份认同的研究方法包含了访谈、焦点小组、观察、文本分析、调查问卷、自传、日记、汇报研究等。[②]

自我认同，被视为教师身份认同中最本质的部分。[③] 科瑟根(Korthagen)提出的关于教师专业发展的洋葱模型中将优秀教师核心素养分为由内向外的五个层次，身份认同被视为仅次于使命感的重要内核，由内向外依次是使命感、身份认同、信念、能力和行为，外部是教师所在的工作环境(图 2-1)。[④]

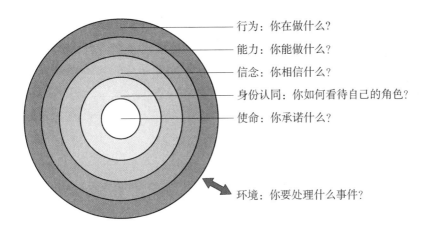

行为：你在做什么？
能力：你能做什么？
信念：你相信什么？
身份认同：你如何看待自己的角色？
使命：你承诺什么？

环境：你要处理什么事件？

图 2-1　科瑟根(Korthagen)洋葱模型[⑤]

弗罗瑞斯(Flores，2006)在对教师早期专业身份认同的纵向研究中发现强调教师个人经历与工作环境影响之间存在极强的相互作

① 史兴松，程霞. 国内教师身份认同研究：回顾与展望[J]. 现代教育管理，2020(4)：7.

② Lankveld T V, Schoonenboom J, Volman M, et al. Developing a teacher identity in the university context: a systematic review of the literature [J]. Higher Education Research and Development, 2017, 36.

③ 李红兵，刘浩. 作为志业的教育：必要与可能[J]. 现代大学教育，2022，38(06)：12—19+112.

④ 李伟英，邹为诚. 专家英语教师知识系统发展途径探究——基于 Korthagen 的洋葱模型[J]. 外语研究，2017，34(03)：47—53+112. DOI：10.13978/j. cnki. wyyj. 2017. 03. 009.

⑤ 魏戈，陈向明. 如何捕捉教师的实践性知识——"两难空间"中的路径探索与实践论证[J]. 教育科学研究，2017，No. 263(02)：82—88.

用,教师身份认同会随着时间的推移而形成和重塑。新教师们带着作为一名教师的意义、价值观、形象和理想进入教学现实情境,持续受到学校环境的挑战,教师身份认同随着工作时间的推移被解构和重新构建。这一教师身份认同形塑模型中包含了教师个体以往的经历、前教学身份认同、教学情境、身份的重塑四个要素及相互作用,充分呈现了教师身份认同动态的发展变化。(图2-2)

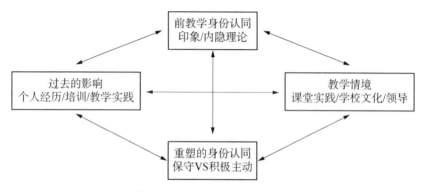

图2-2　教师身份认同形成与形塑的关键影响因素

3. 教师身份认同的维度

维度(Dimension)在社会科学研究方法中用于指称一个概念的不同方面,许多概念是由多维的组成部分建构起来的。[①] 首先,身份认同作为心理学的研究概念,在随着建构主义学派发展逐步围绕三个维度展开,包括个人(personal)或个体(individual)维度,关系(relationa)维度,社会(the social)或集体(collective)维度[②]。个人身份认同,是指在个人层面上自我身份定义(self-definition)的那些方面,包括目标、价值观、信仰以及一整套相关的自我表现和自我评价

① 米歇尔·刘易斯·伯克,艾伦·布里曼.社会科学研究方法百科全书　第1卷[M].重庆大学出版社,2017:0328.
② JJ Zacarés, Iborra A. Self and Identity Development during Adolescence across Cultures [J]. International Encyclopedia of the Social & Behavioral Sciences (Second Edition), 2015:432-438.

等。关系身份认同,是指在面对面的互动中存在的身份认同的内容,这些身份认同被框定在各种社会角色和地位之中。同时,关系认同还涵盖了定义和解释这些角色的方式。集体身份认同,是指一个人因属于某些群体而产生的所有认知和情感方面的内容,这些群体是自我认同的群体,这些群体将他们自身置于某些社会类别之中。以上这三类被认为属于认同的一般水平,还有两个重要的社会心理意义水平,一方面是心理层面的自我认同,是一种个人自我的时间空间连续性体验,自我认同会负责检验、选择和整合自我形象,主要功能是无意识地综合印象、情感、记忆、冲动和行动等;另一方面是社会层面的文化认同,介于个人认同和集体认同之间,具体指个人所属的文化群体,具体包括被接受的文化实践、对原文化群体和接受社会的情感认同以及价值取向等。

　　教师身份认同的维度一方面接受了身份认同的分析维度,同时又在此基础上有所发展。有直接从教师个人与所处社会两个维度进行个人与社会的划分,有从个体心理结构出发将教师身份认同分为认知、情感、行为三个维度,也有从人际交互视角出发分为个人、集体、人际关系三个维度,还有纳入教师所处的学校环境或社会环境分为个人、他者、环境和个人、群体、社会这样三个维度等。但这些分类都还是更注重研究对象的身份认同,对教师这一专业身份的关注是隐含于分类维度之中而未能凸显,因此会有研究者在已有的研究维度上增加专业维度和职业维度,具有代表性的是寻阳(2016)将中学英语教师的身份认同分为职业身份认同、专业身份认同、个人身份认同、处境身份认同,并进行了四个维度子因素的分析,对应四个维度的子因素分别是:职业身份认同(职业价值观、职业归属感)、专业身份认同(外语教学信念、英语语言水平)、个人身份认同(工作投入、职业行为倾向)、处境身份认同(组织支持感)。[①] 基于对国内教师身份认同研究的维度(表 2-1)可以看到看到这些维度

---

① 寻阳. 我国中学外语教师身份认同研究[M]. 新华出版社,2016:56—57.

和子因素之间的分类范畴存在一定程度的交叉，更多是从教师日常实践中进行常识化的分析。类似强调教师专业身份的分类比较多地与教师日常工作实践结合，又分为教师对新课改、管理制度、职业认知、职业情感、职业行为、职业承诺的六个维度甚至更多。未能基于教师理解的相关理论，仅基于工作实践的维度存在内在影响因子的交叉共变，对于我们更好地理解教师身份认同是不利的。

表 2-1 国内研究中的教师身份认同的维度

研究者	教师身份认同的结构维度	对象
杨雅琳 (2016)①	二维度：自我认同、社会认同 社会认同子维度分为职业认同和语言文化认同	日语教师
肖珊 (2017)②	二维度：自我认同、社会认同	乡村教师
李扬 (2021)③	二维度：身为"个体人"的自我认同，作为"社会人"的社会认同	新生代小学教师
冯虹 (2012)④	三维度：认知、情感接纳、行为趋向 子维度，认知（自我形象、角色认知、教学技能认知、环境认知）、情感接纳（自我价值、角色接纳、教学知能态度、环境接纳）、行为趋向（自我觉察、自我调整、自我规划或设计）	师范生教师
邓金春 (2015)⑤	三维度：个体自我身份认同、人际（关系）自我身份认同、集体自我身份认同 每个维度下分为认知、情感、行为子维度	农村特岗教师身份

① 杨雅琳. 日语教师身份认同建构的叙事研究[D]. 北京外国语大学, 2016.
② 肖珊. 从"教书先生"到"老师"[D]. 华中师范大学, 2017.
③ 李扬. 异乡的局外人——新生代农村小学教师身份认同的多元叙事研究[D]. 淮北师范大学, 2021.
④ 冯虹. 师范生教师身份认同研究[D]. 浙江师范大学, 2012.
⑤ 邓金春. 多元文化背景下云南农村特岗教师身份认同的自我建构研究[D]. 云南师范大学, 2015.

续表

研究者	教师身份认同的结构维度	对象
张芳 (2016)①	三维度:自我认同、社会认同、专业认同	幼儿园男教师
郭玲玲 (2018)②	三维度:个体的身份认同、集体的身份认同和人际的身份认同	农村小学青年女教师
赵康艳 (2019)③	三维度:自我认同、他者认同、环境认同 子维度:自我认同(社会阶层、经济地位、职业认知、职业能力、职业意愿、职业愿景),他者认同(感知到学生、家长、同事、领导、家人对自己的看法和评价),环境认同(自然环境、所属学校组织环境)	农村小学初任教师
任星晔 (2022)④	三维度:职业身份认同、处境身份认同、个人身份认同	硕士研究生实习教师
汪粲 (2021)⑤	三维度:自我认同、群体认同、社会认同	影子教育在职教师
景梅梅 (2021)⑥	三维度:职业身份认同、专业身份认同、个人身份认同	乡村新手教师
皮悦明 (2020)⑦	三维度:自我身份认同、专业身份认同、职业身份认同	西部边疆特殊教育教师
寻阳 (2016)⑧	四维度:职业身份认同、专业身份认同、个人身份认同、处境身份认同 七因素:职业身份认同(职业价值观、职业归属感)、专业身份认同(外语教学信念、英语语言水平)、个人身份认同(工作投入、职业行为倾向)、处境身份认同(组织支持感)	中学外语教师

① 张芳. 幼儿园男教师身份认同困境与对策研究[D]. 西南大学,2016.
② 郭玲玲. 局内的局外人:农村小学青年女教师身份认同的质性研究[D]. 渤海大学,2018.
③ 赵康艳. 农村小学初任教师身份认同的个例研究[D]. 西北师范大学,2019.
④ 任星晔. 教育实习对硕士研究生教师身份认同影响的调查研究[D]. 东北师范大学,2022.
⑤ 汪粲. 我为什么在"影子教育"机构做老师? ——基于择业动机,身份认同和职业幸福感的研究[D]. 南京师范大学. 2021.
⑥ 景梅梅. 乡村新手教师身份认同的困境及应对策略研究[D]. 西北师范大学,2021.
⑦ 皮悦明. 西部边疆特殊教育教师身份认同与专业发展研究[D]. 陕西师范大学,2020.
⑧ 寻阳. 我国中学外语教师身份认同研究[M]. 新华出版社,2016:56—57.

续表

研究者	教师身份认同的结构维度	对象
许若男 (2020)①	四维度:同上 子维度:前三项同上,处境身份认同(他人的理解和支持、英语教学改革)	初中英语代课教师
汪安冉 (2022)②	四维度:专业身份意识、专业知识技能、专业行为倾向、专业情感态度	小学特岗教师
赵姝雯 (2022)③	四层面:教师与教育环境、教师与职业、教师与学科、教师与学生	乡村小学青年教师
张培蓓 (2020)④	四维度:职业身份认同、专业身份认同、互联网＋教改身份认同、职业环境身份认同	高校英语教师
李莉 (2021)⑤	四维度:身份认知、身份情感、身份职责、身份形象	乡村中学教师
Kelchterm-ans(1993)⑥	五维度:自我形象、自尊、工作动机、任务感知、发展前景	教师
王娟 (2012)⑦	六维度:教师对新课改的认同、教师对管理制度的认同、教师的职业认知、教师的职业情感、教师的职业行为和教师的职业承诺	课改中初中教师
焦玉婷 (2020)⑧	六维度:价值观念、情感归属、胜任效能、持续承诺、人际支持和知识技能	在线一对一辅导教师
张传路 (2020)⑨	八维度:职业价值观、职业归属感、专业知识认同感、专业技能水平认同、工作投入、职业行为倾向、组织支持感、教改态度	小学初任体育教师

① 许若男. 初中英语代课教师的身份认同研究[D]. 宁波大学,2020.
② 汪安冉. 特岗教师专业身份认同现状及其提升路径研究[D]. 西南大学,2022.
③ 赵姝雯. 乡村小学青年教师身份认同研究[D]. 华东师范大学,2022.
④ 张培蓓. "互联网＋"背景下安徽省高校英语教师身份认同现状的研究与对策[J]. 科教导刊,2020.
⑤ 李莉. 代际理论视域下乡村中学教师身份认同研究[D]. 曲阜师范大学,2021.
⑥ Kelchtermans G. Getting the Story, Understanding the Lives-from Career Stories to Teachers Professional-Development [J]. Teaching and Teacher Education, 1993,9(5－6):443－456.
⑦ 王娟. 课程改革中教师身份认同研究[D]. 西北师范大学,2012.
⑧ 焦玉婷. 在线一对一辅导教师身份认同研究[D]. 华东师范大学,2020.
⑨ 张传路. 天津市滨海新区小学初任体育教师身份认同研究[D]. 天津体育学院,2020.

在这些研究的维度，可以看到对教师身份认同的结构维度一直存在着很多不同的思考见解。究其主要原因，是研究者们所持有的理论研究视角存在着较大的差异，差异不仅源于个体心理学或是文化社会学等视角的差异，也源于研究者是从教师主体出发，还是从社会他者出发，或是从学校评价教师的管理者视角出发，这都为教师身份认同的内涵结构与研究维度的分析带来难度。

凯尔克特曼（Kelchtermans, 1993）基于对话自我理论，探索对教师专业身份认同进行维度的描述，将教师专业身份认同划分为五个维度，包括自我形象（self-image）、自尊（self-esteem）、工作动机（job motivation）、任务感知（task perception）、未来展望（future perspective）。其中自我形象是教师对自我作为一名教师的整体特征的描述，自尊是与自我形象描述密切相关的对自己作为教师的评价，工作动机是与自尊有关的人们选择教师工作、留在工作岗位上或离开的动机，任务感知则是教师定义自己工作的方式，未来展望是教师对自身工作情境未来发展的期望及其感受方式。[①] 这五个维度前四个属于回顾性，第五个属于前瞻性。在一个相对统一的范畴内基于理论进行维度划分是有助于研究者更深入地理解教师身份认同的。

三、教师身份认同的困境

困境，汉语词典里解释为"困难的处境"。教师身份认同困境意为教师对自己的身份认同陷入一种困难的处境，困境这里对应的英语词汇是"dilemma"，意指存在着两种可能解决方案（possible solutions）的冲突（conflict）、难题（problem）或情况（situation）。

1. 身份认同困境

卡麦兹（Charmaz, 1994）解释身份认同困境为当人们丧失有价值

---

① Kelchtermans G. Getting the Story, Understanding the Lives-from Career Stories to Teachers Professional-Development [J]. Teaching and Teacher Education, 1993, 9(5 - 6): 443 - 456.

和积极的身份的结果。[①] 当人们要求和维护有价值的身份所进行的坚持因一系列相互冲突的规范期望和持有相互矛盾的身份而变得复杂时,人们就会经历身份困境。[②] 纳尔逊(Nelson, 2017)指出这种身份斗争的感觉或多重相互竞争的身份之间的紧张体验,就是身份认同困境的内在矛盾和自相矛盾的本质。[③] 纳尔逊认为,身份是在情境实践中的角色设定,在那些更广泛的社会政治、经济和物质现实以及地方乃至全球话语会影响着在一些给定的地点、场景或互动中,哪些身份被认为是可行的和有价值的,而哪些身份又会被认为是不可行的。[④]

身份认同是社会分层系统一般社会过程的产物,应对身份认同困境的尝试本身就是一个人的一般社会化过程,当社会有不平衡甚至不平等的情况存在,社会互动中就会存在身份认同困境带给那些想要"做自己"的人们更多的压力。[⑤] 当人们在不同身份中摇摆时,就会出现行为的犹豫迟滞和伴随着的情绪压力。

2. 教师身份认同困境

教师身份认同的研究希望将教师专业发展的个人性与社会性结合起来。因为会受到语境的深刻影响,教师身份认同依赖于特定语境中的一系列传统、实践、话语、角色和物质条件等,与特定的规范与责任存在着相互竞争甚至斗争,存在身份认同的困境,但同时具有个体身份认同发展的能动性。[⑥]

---

① Dunn J L, Creek S J. Identity dilemmas: Toward a more situated understanding [J]. Symbolic Interaction, 2015,38(2):261－284.

② 同上。

③ Nelson, C. D. Identity Dilemmas and Research Agendas. In Reflections on Language TeacherIdentity Research [M] New York, NY: Routledge, 2017:234－239.

④ Nelson, C. D. Identity Dilemmas and Research Agendas. In Reflections on Language TeacherIdentity Research [M] New York, NY: Routledge, 2017:234－239.

⑤ Dunn J.L., Creek S.J. Identity dilemmas: Toward a more situated understanding [J]. Symbolic Interaction, 2015,38(2):261－284.

⑥ Rl A., Rcaa B., Ph A. Language teacher identities as socio-politically situated construction: Finnish and Brazilian student teachers' visualisations of their professional futures [J]. Teaching and Teacher Education, 2021.

教师身份认同困境具有深刻复杂性,纳尔逊指出开展困境研究必须关注四个方面:第一个方面,需要识别和描绘出教师在课堂和其他专业领域(工作场所和同伴话语、政策、教师教育和其他专业发展项目;会议;在线博客;研究出版物等),这些专业领域需要跨越不同的地点和地理区域。第二个方面,需要批判性地检查教师身份认同困境为什么出现、如何出现、参与者如何概念化和管理这些困境,以及困境对教学、教师、学习和学习者的影响。第三个方面,需要批判性地评估如何有效地利用教师身份认同困境,成功地促进教师学习;或者反之,如何以阻碍学习的方式处理这些问题。第四个方面,可以考虑在教师教育和专业发展计划的背景下,调查促进基于研究的教师身份认同困境学习的有效方法。

国内学者们在研究教师身份认同的过程中也发现了困境的存在,并且积累了一定的研究成果(表2-2)。

表2-2　已有教师身份认同困境的代表研究成果

研究者	研究对象	研究方法	教师身份认同困境所在
邵雪梅 (2013)[1]	中小学体育教师	——	① "我是谁"的困惑 ② 归属感的疏离 ③ 意义感的消解 ④ 前途的迷惘
陈霖 (2013)[2]	男幼儿教师	——	① 专业身份边缘化 ② 专业化程度低 ③ 社会认同度低
张芳 (2016)[3]	幼儿园男教师	访谈法	① 自我认同困境(自我认知、自我情感) ② 社会认同困境(社会身份边缘化) ③ 专业认同困境(专业认知、专业情感、专业行动)

① 邵雪梅.当前我国中小学体育教师身份认同的困境及其出路[J].成都体育学院学报,2013,39(9):4.
② 陈霖.男幼儿教师在困境中的专业身份认同[J].早期教育:教育教学,2013(6):3.
③ 张芳.幼儿园男教师身份认同困境与对策研究[D].西南大学,2016.

续表

研究者	研究对象	研究方法	教师身份认同困境所在
张立 (2016)[1]	教师教育者	——	① 缺少自我认同的合理建构 ② 缺失社会角色期待的价值共识 ③ 缺乏职业归属视角的准确定位
白文昊， 孙艳霞 (2016)[2]	民办高校教师	——	① 职业归属感缺失 ② 职业幸福感不强 ③ 职业角色困扰
张地荣 (2016)[3]	农村转岗幼 儿教师	问卷调查	① "我是谁"的困境 ② "我能做什么"的困境 ③ "我的未来在哪里"的困境
周靖毅， 郑海红 (2016)[4]	农村特岗教师	访谈法	① 专业胜任方面教学上受挫 ② 工作环境方面归属感低 ③ 未来期望方面自我发展受局限 ④ 自我评价方面自我评价低
高敏 (2016)[5]	新手教师	——	① 个体的自我身份认同模糊，包括主体意识淡薄、自我鉴定消极 ② 个体的社会身份认同威胁，包括制度规范模糊、岗位获得感缺失
涂三广、 石伟平 (2016)[6]	职业学校教师 企业实践	——	① 教师自我身份认同的制度和文化困境 ② 教师身份他者认同的复杂境遇
王艳霞、王 少瑞、王艳	新课程改革背 景下的教师	——	指向教师多重身份认同的冲突，具体为： ① 国家制度化身份的预设性与教师个

[1] 张立. 教师教育者身份认同的困境与出路[J]. 教育理论与实践：中小学教育教学版，2016(10)：3.

[2] 白文昊，孙艳霞. 民办高校教师身份认同困境及破解之策[J]. 浙江树人大学学报（人文社会科学），2016.

[3] 张地容. 农村转岗幼儿教师身份认同的困境、归因及建议[J]. 教育评论，2016(9)：4.

[4] 周靖毅，郑海红. 特岗教师身份认同的困境与出路[J]. 当代教育科学，2016(16)：4.

[5] 高敏. 新手教师身份认同的困境及其消解[J]. 中小学教材教学，2016(9)：4.

[6] 涂三广，石伟平. 职业学校教师企业实践的身份认同困境及其超越[J]. 职教论坛，2016(19)：2.

续表

研究者	研究对象	研究方法	教师身份认同困境所在
娟 (2018)①			体自我认同选择的冲突 ② 教师的法律身份与社会世俗化身份的冲突 ③ 教师的专业身份与自我价值选择和自身眼前利益的冲突 ④ 教师的改革者身份与教师业已形成的自我认同和角色认知的冲突
张可欣 (2018)②	新生代乡村教师	调查法、访谈法	① 知行矛盾:受教经验与教学实践前后脱节 ② 主体失落:自主责任与教学信念意识薄弱 ③ 他者认同:制度加持与人文关怀双重缺失
朱胜晖 (2020)③	新生代乡村教师	——	指向文化困境: ① 观念文化困境,包含坚定的趋城性、盲目的专业性、缺失的主体性 ② 制度文化困境,包括缺乏乡村意识的教师培养制度、双向抽离的乡村学校用人制度、单一固化的教师评价制度 ③ 行为文化困境,包括教学僵化、发展被动、逃离盛行
苏鹏举、 王海福 (2021)④	乡村教师	——	① 自我身份认同困境 ② 专业身份认同困境 ③ 文化身份认同困境 ④ 社会身份认同困境

① 王艳霞,王少瑞,王艳娟. 新课程改革背景下教师多重身份认同的困境与突破[J]. 当代教育科学,2018(7):6.
② 张可欣. 新生代乡村教师身份认同的困境及对策研究[D]. 湖北师范大学,2021.
③ 朱胜晖. 新生代乡村教师身份认同的文化困境及超越[J]. 教育导刊:上半月,2020(10):6.
④ 苏鹏举,王海福. 新时代我国乡村教师身份认同的困境与突围[J]. 教师教育论坛,2021,34(7):7.

续表

研究者	研究对象	研究方法	教师身份认同困境所在
周兰 (2021)①	高校艺术类 教师	——	① 社会文化情境(社会文化传统、社会现实情境) ② 高校学科组织情境(学科生态失衡、学科共同体松散) ③ 个体自我体认模糊化(职责定位不明晰、师生交往异化、缺乏批判精神)
黄文敏 (2021)②	民办高校教师	——	① "教师"还是"准教师":社会场景中的民办高校教师职业身份的不清晰 ② "教师"还是"员工":民办高校企业化管理下的教师角色冲突 ③ "教师"还是"服务员":职业实践中的教师话语权受限
李忆华、郑文佳 (2021)③	专业学位研究生教育校外导师教师	——	① 教师身份认同模糊 ② 教师专业话语缺位 ③ 教师职业价值感与自我收益不足
景梅梅 (2021)④	乡村新手教师	访谈法	① 职业身份认同困境 ② 专业身份认同困境 ③ 个人身份认同困境

可以看到已经有相当一部分关于教师身份认同困境的研究对教师身份认同领域做进一步的深耕,但可以看到在研究中,依然存在一些指导和探讨的问题。

首先,困境的两难境地未能得到彰显。在已有研究的梳理中,可以发现对于教师身份认同困境的两难境地未能得到明确的关注,甚至相当一部分研究者将"困境"只是理解为教师教育教学实践中的现

① 周兰.高校艺术类教师的身份认同困境与破解路径[J].高教探索,2021,000(004):113—117.
② 黄文敏.民办高校教师身份认同困境与消解路径研究[J].中国成人教育,2021(20):20—23.
③ 李忆华,郑文佳.专业学位研究生教育校外导师教师身份认同的困境与思考[J].天津市教科院学报,2021,000(004):92—96.
④ 景梅梅.乡村新手教师身份认同的困境及应对策略研究[D].西北师范大学,2021.

实"困难"。的确，困境中必然存在困难，但依据词义，"困难"是指情况复杂、阻碍重重的难题或者问题，但不等同于困境，只是困境中的一部分。困境（dilemma）更多是指存在着两种可能解决方案的冲突、难题或情况，令教师难以抉择或者无法抉择，而处于犹豫、游移与决策摇摆之中。"困境"在韦氏大学词典中的定义为"在两个同样不令人满意的选项中进行选择的情况"，从定义可以发现困境所具有的趋避冲突性特征，而并非仅仅是阻碍教师身份认同的难题。

其次，教师身份认同困境的心理特征未能成为重要指征。当教师处于身份认同困境之中，具有趋避冲突性特征的困境必然会让当事人产生矛盾感、混合积极与消极情绪的心理体验。还有一种更令人压力倍增的境地，当一个人面对都想要远离的回避—回避型的双避冲突时，却依然不得不一定要通过接受其中之一而回避另一个时，会更令人有矛盾且消极的心理体验。教师职业原本就属于情绪劳动，心理教师更符合霍奇希尔德于 2012 年为我们描述的符合情绪劳动工作的三个特征：（1）需要与工作对象面对面或声音对声音地接触；（2）需要对工作对象身上展现特定的情绪状态；（3）允许组织通过培训和监督，对工作者的情绪活动进行某种程度的控制。[①] 基于这些特征，显然心理教师工作时时刻刻充满着情绪劳动。霍奇希尔德还在书中写道，情绪劳动这个概念诞生伊始就是伴随着"冲突"而来的。某个时刻，人们"真实的"自我和"行动的"自我的融合受到了关键事件的考验，每一次关键事件中，情绪劳动构成一次对个体自我意识的挑战。个体所感受到的"真实自我"与其的内在和外在行为之间的隔阂会成为需要解决的问题，推动着个体思考确定立场。舒尔茨（Schultz）等人发现当教师体验到不愉快的情绪时，这些情绪可能会挑战教师现有的信念，从而威胁教师的身份认同感。[②] 舒尔茨和李

---

① 尹弘飚. 教育实证研究的一般路径：以教师情绪劳动研究为例[J]. 华东师范大学学报（教育科学版），2017,35(03)：47—56＋168—169.

② Paul A. Schutz, Dionne I. Cross, Ji Y. Hong, 等. Teacher Identities, Beliefs, and Goals Related to Emotions in the Classroom [M]//Emotion in Education. Elsevier Inc. 2007. P227.

(Schultz & Lee)一项 2014 年的研究分析教师身份认同、信念和目标之间的关系以及如何处理与课堂情绪相关研究,发现教师感受到的一些不愉快的情绪很可能是对现有的关于学生学习与身份认同、信念与目标的挑战,而愉快情绪往往意味着出现新的身份认同[①]。崔藏金(2018)在其基于 2000—2017 年 SSCI 核心文献的分析教师教育者身份认同困境的论文研究内容分析中发现,教师的专业身份建构需要应对专业实践中的挑战,不断调适自我,化解紧张焦虑情绪,并对在样本文献中普遍感受到的那些教师经历的外部挑战与内在消极的情绪体验进行分类。[②] 当教师、教育者所面对的那些外部经历挑战其自身对自己"研究者"和"教师的教师"专业身份认同时,当事人就会产生自我怀疑、焦虑紧张等消极情绪。[③] 持续的压力和消极情绪体验的积累会共同导致当事人身份认同的困难。[④]

最后,教师自我对困境的理解与应对未能成为研究重点。教师身份认同必然面临困境,但对教师身处其中如何理解、思考与应对的研究却依然不足。个体自我在困境中必然有着其自我的思考、对话、与决策,自我的能动力目标指向的是人的发展。教师的身份认同和专业发展之间存在显著相关性,不仅相互影响,并且可以相互预测(石卉,2018)。[⑤] 教师身份认同困境的应对直接影响教师发展,玻利瓦多和多明戈(Bolivar & Domingo,2006)指出,身份认同危机能够促进外语教师身份认同的发展,但纳玛吉(Namaghi,2009)则认为身份认同危机威胁着教师的身份认同,从而不利于其专业发展。但,关键并不是身份认同危机本身而是教师自我的理解、反思与应对方式。凯尔克特曼(Kelchtermans)于 1993 就指出,教师专业发展可以理解为

---

① Schultz, P. A. & Lee, M. Teacher Emotion, Emotional Labor and Teacher Identity [J]. Utrecht Studies in Language and Communication, 2014(27).
② 崔藏金. 教师教育者身份认同的困境与出路——基于 2000—2017 年 SSCI 核心文献的分析[J]. 当代教育与文化,2018,10(3):7.
③ 同上.
④ 同上.
⑤ 石卉. 苗族中学英语教师身份认同与专业发展研究[D]. 西南大学,2018.

贯穿一名教师整个职业经历的个体学习成长过程,并在他个人内在解释框架中达到顶峰,主要包括两个领域,一个是关于自己作为教师的概念,另一个是关于教学作为专业活动的知识与信念体系。[①] 而一名教师内在解释框会经由主体的自我对话实现对当前困境的理解与超越。

四、本研究的理论框架

对于教师身份认同的概念一直未能达成一致,特别是在教学和教师教育领域,研究教师专业身份认同的研究者在如何定义、看待和研究这一概念方面存在诸多差异。[②] 这给研究教师身份认同困境带来诸多难点。但可以确认的是教师身份认同既是一个"结果"也是一个"过程",教师应对、管理身份认同困境成为推动"结果"产生的关键"过程",但如何应对身份认同困境需要基于对教师个体内在认知情感的探寻与理解。身份认同已有研究从心理学、社会学和后现代三个不同的角度被学者和研究人员概念化和使用,但来自教师个体的特征研究依然匮乏,相较而言已有的研究更多站在社会学和后现代的立场在探讨,社会学方法强调社会学过程对教师身份认同有着主要影响,后现代方法强调多重身份的概念。[③] 但正如我们所感知到的,教师是一份更具有独立的主体性的工作,教师专业身份的认同也是更为个人化。因此探寻基于教师自我理论的研究框架成为研究教师身份认同困境的重中之重。

1. 对话自我理论的探寻

赫尔曼斯(Hermans)提出的对话自我理论(Dialogical Self

① Kelchtermans G. Getting the Story, Understanding the Lives-from Career Stories to Teachers Professional-Development [J]. Teaching and Teacher Education, 1993, 9(5 - 6):443 - 456.

② Karaolis, A., Philippou, G. N. Teachers' Professional Identity. In: Hannula, M., Leder, G., Morselli, F., Vollstedt, M., Zhang, Q. (eds) Affect and Mathematics Education [M]. ICME - 13 Monographs. Springer, Cham. 2019:396 - 418.

③ 同上.

theory)植根于建构主义和现象学方法,将自我与对话联系起来,描述了个体内部存在多个自我观念和角色之间的对话和互动,提供了一个新的研究自我的角度和方式,从实体自我走向对话自我。在这里,对话自我可以被理解为一种"我"立场(I-Positions)的动态多样性(Hermans & Gieser, 2012),"我"从其自身与社会环境的内在接触中浮现而出,且依赖于相应的时间和空间的特定位置,具有具身特征的"我"立场依据情境和实践的变化,从一个立场移动到另一个立场,多个相对自主的"我"立场动态构建了自我的空间。[1] 在这个过程中,"我"立场在不同的立场,甚至对立的立场之间波动,这些立场虽然是在自我内部存在,但是也在自我与感知或想象的他人之间移动,是"我"立场定位、再定位和反定位的过程。这些立场作为符号中介的社会关系的组成部分,会发出自己立场的声音,不同立场的发声成为立场之间的对话。[2] 这个自我,源自詹姆斯(James, 1890)提出的"I"与"me"中作为主体知者的自我与作为客体已知的自我的逐渐过渡,自我是由能称为"自己"的一切组成,环境中的人和事,只要能被感知为"我的",就属于自我的一部分,不仅有我自己,我的家人、我的朋友甚至我的竞争对手这些他者都会是"延伸"到我的"自我"的一部分。这个对话,发展于巴赫金(Bakhtin)的复调小说概念,是指主体自我意识"多声部"现象,这种多重的意识会并存和发声,以对话的方式相互伴随甚至对立。

对话自我有两大特征。其中一个迥殊的特征是连续性和非连续性的结合,正如詹姆斯认为的,一个人自我经验之间存在连续性,都是属于"我的"同一个自我的延伸。但,与巴赫金的观点一致的是,即使相同的立场在自我的空间领域中代表着不同甚至对立冲突的声音,这些立场就存在着不连续性。自我的同一性特征与连续性密切

[1] Hermans, Hubert J. M., Thorsten Gieser. Handbook of dialogical self theory [M]. Cambridge University Press, 2011:1-22.

[2] H. Hermans & T. Gieser. Handbook of dialogical self theory [M]. Cambridge University Press, 2011:1-22.

相关,自我的多样性特征则与不连续性密切相关,但这两者同时属于自我并且互相并存。① 另一个重要特征是时间与空间的结合,当叙事方法强调时间维度的同时,巴赫金强调了叙事的空间本质,时间与空间共同构成了对话自我的叙事结构,自我用"立场"和"定位"来描述空间特征,从而发现自我的动态与灵活建构的过程。②

在对话自我理论中,自我会在主体层面上把他者作为一个延伸的自我,这个他者无论是真实的、想象的还是记忆的,都可以作为我立场来处理,作为扩展自我的一部分,成了格根(Gergen)观察到的"自我中的他者"③。参与内在对话过程的每一个立场都能从自身特定独特的观点中获得发言的声音,获得表达立场的空间。因此,对话的自我是具有社会性的,是一种心灵社会,"我"存在于内在的心理空间但与现实物理空间密切交织,"自我"可以从一个立场移动到另一个立场,创造出动态的领域,在这些领域中,诸多的"我-立场"以对话的形式共在,自我协商、自我矛盾与自我整合产生了多样性的意义。④ 赫尔曼用一个两个同心圆和多个点组成的空间来表示由多个立场构成的自我(图2-3)。内在的圆代表内部立场,内圆里的点表示关于自我的一部分(例如,我是一个母亲,我是一个有抱负的教师),两个空心圆构成的圈代表外部立场,外部圈里的点表示环境中的人与物是表示自我的另一部分(例如,我的孩子,我的同事)。内部立场和外部立场中的一个或多个自我是存在相关性的(例如,我觉得自己是个母亲因为我有孩子,我的同事对我来说很重要因为我心里有一个很重要的项目),都是对话过程的一部分。圆圈用虚

① Hermans, Hubert J. M.. The Dialogical Self: Toward a Theory of Personal and Cultural Positioning [J]. Culture & Psychology, 2001.
② Hermans, Hubert J. M.. The Dialogical Self: Toward a Theory of Personal and Cultural Positioning [J]. Culture & Psychology, 2001.
③ 赫伯特·J. M.赫尔曼斯,李建为.心灵社会中的公民身份[J].中国比较文学,2022,No.129(04):2—11. DOI:10.16234/j.cnki.cn31-1694/i.2022.04.017.
④ Hermans, Hubert J. M.. The Dialogical Self: Toward a Theory of Personal and Cultural Positioning [J]. Culture & Psychology, 2001.

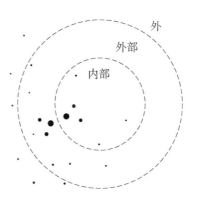

图 2-3　自我中多个声音的立场

线表示高度的渗透性和边界的开放性,这种开放和渗透不仅在自我的内部和外部领域之间,也发生在自我和外部环境和之间。从某种角度来说,随着时间的推移,内部立场和外部立场在彼此的交流、对话、谈判、合作、反对、冲突、同意与不同意的过程中相遇并提升重要性。因此,这些内部外部的点都是自我的立场,都是一个人自我的一部分,这些自我还会延伸到外圈之外的环境中,对于环境中被确认为是"我的"那些领域做出反应(例如,我的对手,我的领导)。这些点都代表可以移动的自我立场,大点代表更为前端的自我,小点则是依据情境的变化有待激活的自我,会在某个时间进入自我的空间。①

在对话自我理论看来,对话自我的发声尤为珍贵,因为它是一种人类能力的社会表达,这种能力不仅本身具有价值,而且个人主体能够在对话中创造新的意义、推动富有成效的合作与问题解决,从而为自我的发展服务。

2. 对话自我理论的分析框架

对话自我理论为研究个人内在动态的冲突困境提供了框架,自

---

① Hermans, Hubert J. M.. The Dialogical Self: Toward a Theory of Personal and Cultural Positioning [J]. Culture & Psychology, 2001.

我是经由一个人内在心理社会中各个自我立场之间对话协商而建构起来的。对话自我理论的主要概念有：I-立场、第三立场、元立场、促进者立场等，接下来进行描述，虽然对这些概念进行了区分性的描述，但事实上它们都是在个体内在发生着的声音。

I-立场（I-position）即我-立场，是核心概念之一，是自我的多样性立场，既体现了主体的自我存在多样性，但又保留了自我的一致性和统一性。"我"受制于空间和时间的变化，经由各种现有的、新生的、可能的立场进行分布与移动。各个I-立场都代表着一种独特的视角，在自我中都保持相对的自主性，有其特定存在的历史背景，并且表现出不同的发展路径，具有自身的行动取向和声音。高度动态的对话中，一些I-立场可能被保持，而另一些可能被拒绝或者否定，那些被保持的I-立场作为属于自我的体验增强了主体自我的连环性和连续性。通过在对话中嵌入I-立场，并在自我内在的"对话空间"中进行应对与处理，个人主体的能动性在过程中得以表达。

第三立场，是在相互冲突的立场中进行调节，是履行整合的角色立场，具有动态模糊的属性，推动着新立场的形成。[①] 第三立场是对话自我形成的关键调解者，被视为对话自我理论中重要的发现，因为不同I-立场之间会存在冲突紧张的关系，但随着第三立场的出现，紧张的关系会逐步转变为协商与创造，从而成为自我系统进一步发展的起点。

元立场，自我反思被视为人类大脑的一项基本能力，也可以被描述为观察自我和元认知，指的是一种超越当前的立场，立足于一个更高格局的视角同时看到几个立场及其相互间的关系，是一种特殊的"我"立场，具有鸟瞰其他自我立场的独特品质。个体依据特定时刻所认可的视角和看到的多个I-立场来定位不同的元立场。个体在元立场上的自我可以更多思考，并有助于自我进行超越当下的组织和

---

① Hermans, Hubert J. M., Thorsten Gieser. Handbook of dialogical self theory [M]. Cambridge University Press, 2011:29 - 44.

执行,并充满着情感的意义归因。① 元立场从空间的角度促进了主体自我的连贯性和组织性。

促进者立场,当主体自我存在着多个连续多样且不相关的"I-立场"运作时,这些"I-立场"随着时间的推移遵循自身路线发展,就会出现令人困惑、缺乏组织的嘈杂声音,促进者立场很可能会出现,可能综合自我中各种新的和已经存在的位置,并将自我重组到更高的发展水平。促进者立场具有对自我未来的开放性,有助于从发展的角度理解自我的建构,从时间的角度推动了自我的连贯性和组织性。通常,人们生活中的重要他人会充当促进者立场的来源,那些真实的、记忆中的、预期的、想象中的家人、亲友、老师等优秀的重要他人甚至一些人文艺术领域的人物形象都可能成为主体自我中的促进者立场的来源,促进现有的I-立场的发展或者推动新的I-立场的产生。同样,个体自我的内部领域也会出现促进者立场,主体可以从一些I-立场中获得发展的动力,为自我的未来发展打开前景。

我们在特定的时间把握到的对话自我往往是由多样的I-立场组成的,这些I-立场的起源、转变和意义是跨时间分布的,既有着过去,也会包含着未来。各种主要的I-立场会被整合到不同时间范围的反思元立场中。那些存在对立冲突的I-立场之间会进行对话与协商,很可能会有第三立场参与调解。在内在的协商过程中,不同且相互冲突的I-立场在来回交互的沟通中表达自身独特的需求、感受和愿望,旨在结束冲突并使有效的行动能随之而来。② 研究表明内在自我立场的协商很可能存在两种结果,分配或整合,前者是占主导地位的I-立场接管协商的空间并主导了对自身立场有力的决策,后者则是一种接纳和倾听不同且相互冲突的I-立场并建构一个整合的解决方

① Dimaggio B. G.. Dialogically oriented therapies and the role of poor metacognition in personality disorders. Handbook of dialogical self theory [M]. Cambridge University Press, 2011:356-373.
② Nir, D. Voicing inner conflict: From a dialogical to a negotiational self. Handbook of dialogical self theory [M]. Cambridge University Press, 2011:284-300.

案来融合满足多个I-立场的需求以实现合作双赢。

赫尔曼提出内在自我的对话过程可以通过马尔科娃(Markova)提出的模型来进行理解,对话的基本结构是连续的步骤,对话中的参与者共同建构了意义,这个意义建构的过程是由最基本的三个步骤组成:

步骤一:A对B说了什么。

步骤二:B对A进行回应。

步骤三:A返回步骤一,同时整合步骤二中B回应中的要素,对步骤一中最初产生的表述进行丰富与修正。

经过这一对话结构模型,步骤三中的A立场已经不再是步骤一中的A立场,而是经过对话过程重新建构的A′立场。在这个对话过程中,A立场思考并纳入了B立场,并修正了自己的初始观点,最初自我的立场发生了移动,成为受到B立场影响而得到发展的A′立场,此刻A′立场的表达不再是原初的意义而是"发展中的意义"。[①] 本研究对话过程分析也依据这一步骤分析模式进行结构分析,探寻教师身份认同困境中的意义建构。

3. 运用对话自我理论进行教师身份认同困境的研究

身份认同困境中,冲突的I-立场之间的对话带来的紧张,本身就有推动作用,引导心理功能朝着超越紧张和冲突的方向发展,促进自我向前发展,形成相应的认知思考与行动。赫尔曼认为对话自我不仅是整个社会的一部分,还作为"心理社会"发挥作用,紧张、冲突和矛盾是自我健康运作的内在特征。何陈等人(Ho, Chanetal, 2001)研究对话自我的生成过程中赋予了紧张和矛盾积极的作用。

对话自我理论在教师身份认同领域逐渐被关注。阿克曼和梅耶尔(Akkerman, Meijer, 2011)运用对话自我理论来解决教师身份认同概念的难题,强调教师身份认同的动态建构。[②] 他们认为运用对话

① 赫伯特·J. M. 赫尔曼斯,李建为. 心灵社会中的公民身份[J]. 中国比较文学,2022,No. 129(04):2—11. DOI:10.16234/j.cnki.cn31-1694/i.2022.04.017.

② Akkerman S. F., Meijer P. C.. A dialogical approach to conceptualizing teacher identity [J]. Teaching and Teacher Education, 2011,27(2):308-319.

自我理论来研究教师身份认同尤为有价值，有效揭示了教师身份为何可以被类型化为既多样又统一、既连续又不连续、既个人又社会。卡拉奥利和菲利波（Karaolis, Philippou, 2019）在应用对话自我理论研究教师身份认同的过程中提出，教师身份认同虽然受到社会关系和所处环境的影响，但构建和重建的过程起到重要作用的是一个人自我的部分，教师们通过解释、自我反思和能动性的过程建构自己的身份意识，只有充分认识到这一点，才能理解教师们为什么依然能够在不同环境中表现出充分的能动性，成为独立的个体和专业人士。

　　教师身份认同的过程是自我对话、自我理解、自我建构的过程，任何一种对话都旨在更深入地自我理解，从而实现自我内在同一性。卡拉奥利和菲利波（2019）在设计与实施基于对话自我理论的教师身份认同问卷时，整合了凯尔克特曼（Kelchtermans, 1993, 2009）关于教师身份自我理解的研究成果。凯尔克特曼在教师专业身份认同研究中使用自我理解这个词，是为了回避身份认同的静态特征，强调个人在某一时刻对自己的理解既是产品，也是一个不断理解自己的经历及其对自己影响的过程。① 凯尔克特曼于2009年提出教师个人解释框架（Personal interpretative framework），研究表明教师会通过这个类似一个镜头的框架来看待他们的工作，赋予它意义，并在其中行动。这个框架指导他们在特定情况和情境中的解释和行动，但同时也被这些与情境有意义的互动修改并产生新的意义建构。

　　通过对教师职业故事的分析研究，凯尔克特曼提出基于自我理解的教师专业身份认同五维度，包括自我形象、自尊、工作动机、任务感知、未来展望。

　　第一个维度，自我形象（self-image）。自我形象是描述性的组成部分，是教师将自己塑造为教师的方式，这种形象一方面是基于自我认知，但在很大程度上也基于他人对教师的反映，受到包括来自学

---

① Kelchtermans G.. Who I am in how I teach is the message: self-understanding, vulnerability and reflection [J]. Teachers and Teaching, 2009, 15(2):257–272.

生、家长、同事、校长等他人的评价等感知方式的影响。[1]

第二个维度，自尊（self-esteem）。自尊是指教师对自己实际工作表现的评价，就是关于"我的工作做得怎么样？"的回答。自尊同样受到来自他人反馈的重要影响，但这些反馈是经过一定程度过滤和解释的。会有一些人的反馈被认为比另一些人的更重要更有价值。对大多数教师来说，学生是首要的和最重要的反馈来源，只有学生的存在，老师才能成为老师，才能实施教学活动。同时需要指出的是，情感在教学中也很重要，积极的自尊对于教师在工作中感到轻松，获得工作满足感、成就感乃至幸福感都是至关重要的。然而，这些积极的自我评价是脆弱的，在时间上会有波动，必须一次又一次地重新建立。这就是为什么在局外人看来几乎是微不足道的负面的公众评价，可能会对教师产生毁灭性的影响。[2]

第三个维度，任务感知（task perception）。是指教师定义自己工作的方式，这是教师对"怎样才能成为合格的教师"这一问题的个人回答，包含了什么构成了自己的专业计划、任务和职责，以便做好工作。也就是说，教师感知自己应当完成哪些基本任务，就能合理地感到自己做得很好。这部分不仅包含了他们认为自己应该履行的合法职责，也包含了他们认为自己可以拒绝接受的一部分工作任务。任务感知不仅仅是一种工作计划的制定，更意味着教师自身的价值抉择与道德考量。对任务感知的观念包含了教师们一种根深蒂固的信念，即什么才是"好的教育"。一旦外界环境中的评价体系、新规定、教育改革的评价方式与教师内在的任务感知不相匹配甚至相互矛盾冲突，就会极大影响教师的自尊感和工作满意度等，倘若那些根深蒂固的教师信念受到质疑，很可能会带来倦怠甚至离职等后果。

第四个维度，工作动机（job motivation）。是指选择成为教师、继

---

[1] Kelchtermans G.. Who I am in how I teach is the message: self-understanding, vulnerability and reflection [J]. Teachers and Teaching, 2009,15(2):257 - 272.

[2] 同上.

续教书或放弃教书而从事其他职业的动机或驱动力。允许教师按照个人规范计划工作和行动的工作条件是工作动机的关键决定因素。但同时,研究发现教师工作的动机可能会随着时间的推移而发展,尤其是中学老师,他们中的大多数人首先从事教学工作是因为他们对自己学科的热爱和兴趣,随着时间的推移,他们中的一些人开始意识到自己的工作、存在和行为对学生来说也有意义。

第五个维度,未来展望(future perspective)。是指教师对自身工作情境未来发展的期望及其感受方式,教师从未来时间的视角理解在工作上对未来的期待与展望,包括如何看待未来的教师生涯,对此有何感受等。一个人对未来展望往往是动态变化的,不会是静态和固定的,因此这里可以看到教师自我身份认同必然是持续互动的意义创造和建构过程的结果。因此,这里需要强调的是时间性在教师自我理解中的渗透,因为一个人当下的行为会受到过去有意义的经验和对未来期望的影响,正如一个人在自己的生命进程中某个特定的时刻,必然有着那一刻之前的属于他自己的特定的过去和特有的未来。

这五个维度是基于个人自我理解的同一范畴进行分析的,是对已有教师身份认同研究维度的重要突破。凯尔克特曼(2009)认为这五个维度是一个分析区分教师专业身份认同的概念,但也是能够组成对这一概念的综合理解,同时提供了分析性的概念工具来公正地体现教师自我意识的动态性和情境的嵌入性,解释教师身份认同是如何渗透在教育教学的各个方面,回答着"我是谁? 我如何开展教学行动? 我将成为谁?"这样的核心问题。

卡拉奥利和菲利波(2019)以凯尔克特曼五维度为基础,构建了自尊(self-esteem)、自我效能感(self-efficacy)、职业承诺(professional commitment)、工作满意度(job satisfaction)、任务导向(task orientation)、工作动机(work motivation)和未来展望(future perspective)七维度的框架,并修订了测量工具《教师专业身份认同量表》,我们先来关注这七维度的具体内涵。

自尊(self-esteem)沿用了凯尔克特曼的表述,并且进一步表明实际自我形象和理想自我形象之间的关系,强调学生是教师最重要的反馈来源。

自我效能(self-efficacy)是指一个人成功完成某项任务的能力(Bandura, 1993)。在教育中,效能信念被定义为一个人对自己成功完成特定教学任务的能力的信念(Charalambous, Philippou, Kyriakides, 2008)。研究表明自我效能感与动机呈正相关(Bandura, 1993),尤其与内在动机呈正相关(Ryan & Deci, 2000)。自我效能感与职业承诺、自我效能感与工作满意度之间也存在显著的正相关关系(Chan, Lau, Nie, Lim & Hogan, 2008)。自我效能感是一种关于能力感知的面向未来的评估,受以往成功经验、间接经验、他人说服和情绪反馈的影响(Hoy & Spero, 2005)。教师的自我效能感在学生的学习成果中扮演着重要的角色,因为教学质量和有效的课堂管理直接关系到教师对自己能力的信心,这反过来又影响他们的热情和专业承诺(Bandura, 1993)。

专业承诺(professional commitment)指一个人与他的工作之间的心理联系(Lee, Carswell, & Allen, 2000)。泰里(Tyree,1996)提出了专业承诺的四个维度:关心承诺、作为专业能力的承诺、作为身份的承诺和作为职业的承诺。专业承诺可以受到几个因素的影响,如学生行为、行政支持、家长的要求和教育改革(Day, 2002; Tsui & Cheng, 1999)。专业承诺可以被理解为一个整体现象,其中心是一套基本的、相对永久的价值观,这些价值观基于个人信仰、自我形象和角色意识,这些价值观可能会受到重大变化的挑战(Day et al., 2005)。研究表明职业承诺与自我效能感和工作满意度呈正相关(Bogler & Somech, 2004)。

工作满意度(job satisfaction)是指人们对工作价值的积极或消极的判断(Weiss, 2002)。教师的工作满意度可以定义为对其工作和教学角色的情感反应(Skaalvik & Skaalvik, 2010)。许多研究试图确定小学和中学教育教师满意度的来源(例如,Dinham & Scott, 1998;

Evans，2001)并发现几个因素有助于教师的工作满意度：与孩子的关系、教学的精神挑战、自主和独立、测试新想法的机会、参与决策和改革努力、与同事的社会关系和专业发展的机会（Latham，1998；Zigarelli，1996)。相比之下，教师的不满来源包括日常生活的单调、缺乏动力、学生的不守纪律、缺乏同事和管理者的支持和赞赏、过度培训、低工资和来自社会的负面对待（Nias，1989；Zembylas，Papanastasiou，2006)。这些因素导致了各种负面情绪，如沮丧和脆弱。研究发现，工作满意度与教师的专业承诺和动机改变有关（Canrinus et al.，2012)。

工作动机（work motivation)包括促使一个人花费时间、精力和资源来发起与其工作相关的行为的力量（Latham & Pinder，2005)。动机决定了这些行为的形式、方向、强度和持续时间。教师选择教师职业的原因可以分为利他性、内在性和外在性（Kyriacou & Coulthard，2000)。利他性动机包括教学作为一项具有社会重要性的工作，内在动机包括个人满意度和工作乐趣，而外在动机则与社会意识、工作保障和高薪等因素有关。工作动机是影响教师职业选择的重要因素之一（Vandenberghe，1994)。休伯曼、格鲁纳和马蒂（Huberman，Grounauer & Marti，1993)认为，促使教师选择教师职业的动机往往是矛盾的，因为通常有许多情境因素在他们的决定中起着重要的作用。他们认为，除了考虑引导年轻人成为教师的最初动机外，了解他们的动机如何随着时间的推移而变化，记录他们在教育生涯中动机的演变也很重要。

任务导向（task orientation)是指作为一名好教师，在教育目标、教学过程和师生关系等方面所应追求的任务（Billig et al.，1988)。它主要与教师专业身份认同的认知方面有关，它指的是教师对他们的工作和需要执行的关键任务的看法（Kelchtermans，2005)。任务导向包括关于教育目的和教学方法的根深蒂固的信念（Lamote & Engels，2010)，指导教师的专业活动和行为（Akkerman & Meijer，2011)。这些信念可以被看作一个透镜，教师通过它感知和过滤外部信息，并在他们专业身份认同的发展中发挥重要作用(Kagan,1992)。任务导向有三个维度：教师和学生之间的关系、教育目的、教学方法（Denessen，1999)。对于这些维度中的每一个，教师可以采用以学生为中心、专注于过程的方法，也可以采用以教师为中心、专注于内容的方法。在以学生为中心的方法中，教师强调学生积极参与教育的道德目的和知识的构建，而以教师为中心的方法更强调课堂纪律、学生合格的表现和知识技能的发展。然而，教师可能同时拥有学生中心和教师中心的观念(Van Driel, Bulte&Verloop, 2005)。

未来视角(future perspective)关注的是教师如何预见未来几年的自己，以及他/她对此有何感受(Keltchermans,2009)。这个维度在文献中被忽略了，因为很少有研究将这个概念与教师身份认同的其他方面联系起来。人们对自己想成为什么样的教师的梦想，以及这些梦想能否实现，都会影响他们的决定、感受和行为。因此，除了过去的重要经验，个人的自我理解也会受到未来预期的影响(Keltchermans,2009)。

卡拉奥利和菲利波于2019年基于对话自我理论，从对身份的动态自我理解出发，坚持个体自我对身份建构与再造的核心价值，聚焦个体自我内在解释、反思与能动的过程，制定《教师专业身份认同量表》并进行测量，提出工作满意度不属于影响因素，自尊项主要以自我效能感为主，而任务导向则分为建构主义观点和传统观点，动机分为内在动机和外在动机。此量表在去掉自尊和工作满意度的两个项目后在315名教师中进行修订，经过探索性因素检验和验证性因子分析后形成48个题项的量表。量表由五个因素组成，其中两个是二维的；动机分为内在动机和外在动机，任务取向分为建构主义观点和传统观念。其他三个因素分别是自我效能感、职业承诺和未来展望。本研究的量表研究就以该量表为基础进行修订。

第 三 章

心理教师专业身份认同的研究设计

研究设计是指向问题解决的路线,需要我们确认一个明晰且符合逻辑的研究计划,通过数据的收集、整理、分析和讨论来探析问题的解决,"是用实证资料把需要研究的问题与最终结论连接起来的逻辑顺序"[①],是从"这里"到"那里"的逻辑步骤,"这里"指需要回答的一系列问题,"那里"指得出的结论与答案。基于已有的文献分析梳理,本章具体阐述本研究的研究问题、研究取向、研究方法与研究过程。

一、研究问题与研究取向

心理教师身份认同是当一个人决定选择教师作为其职业的那一刻开始的对"我是谁""我在做什么""我要去哪里"等身份问题的思考与回应。由于教师身份认同发展的动态性特征,不同专业发展阶段的教师会有不同的身份认同发展阶段,更会面临不同阶段的身份认同困境。当个体面对自我当前的身份认同困境一时无法解决时,就会处于心理焦虑不安的状态,个体的发展也会停滞下来。本研究的研究问题聚焦于基础教育心理教师的身份认同存在着怎样的困境,

---

① [美]罗伯特. K. 殷著,周海涛、史少杰译,案例研究:设计与方法(原书第 5 版)[M]. 重庆:重庆大学出版社,2017:36.

以及他们是如何应对。

1. 研究问题

核心问题：心理教师有怎样的身份认同困境与应对

子问题1：心理教师专业身份认同的现状如何？

子问题2：心理教师有怎样专业身份认同的困境？

子问题3：心理教师如何应对其身份认同困境？

子问题4：心理教师身份认同困境与应对的影响因素有哪些？

2. 研究取向

黑格尔说过"方法不是外在形式，而是内容的灵魂和概念"[①]。本研究以对话自我理论（Dialogical Self Theory）这一基于建构主义哲学视域下的心理自我理论为研究基础，其被赫尔曼斯（Hermans）称为桥梁理论，显著特征是明确提出个体自我多声音的概念，而非常传统对身份认同的单一性理解。对话自我理论认为一个人自我系统中存在着多元的"我"立场，其都有着一套特定的意义、价值、信念和行动模式，不同的"我"立场之间经由对话互动来协商，在这个过程中自我得以动态建构，逐渐走向理解与发展。因此，自我的感知和行动的一致性来自内在的自我对话，我们经由对内在自我对话的研究来发现主观自我的多样性在不同情境下的声音，关注这些多元自我立场的协商与互动，探析心理教师在身份认同困境下的多元自我立场与对话协商的过程，深入理解心理教师如何应对和突破身份认同困境并获得发展。

已有教师身份认同的研究始终是在量化研究与质性研究中推进，但量化研究一直未能有依据内在自我理论的研究工具，致使量化研究的视角始终在个体与社会维度摇摆。虽然身份认同研究的基础理论关注个体的自我身份认同、群体身份认同与社会身份认同，个人维度和社会维度之间的对话对于教师身份认同也是至关重要，因为没有这两个维度就没有职业认同（Krzywacki & Hannula，2010）。但

① 成一丰.《哲学笔记》与黑格尔哲学[M].西安:陕西师范大学出版社,1987:498.

是，在对话自我理论的理解中，只有被教师纳入自我立场的他者视角，才是真正被教师自我接受并成为其自我内部领域认同的内容，属于被"内化"社会声音，才能真正参与自我的对话。本研究的量表工具选择以对话自我理论为依据、整合自我理解的已有国外研究工具进行中文版修订，对心理教师身份认同进行量化研究与分析，结合深度访谈的资料分析，共同探寻心理教师身份认同面临困境时的内在自我对话。

二、研究方法

在心理学和社会学研究领域将研究方法分为定量研究与定性研究，也称为量的研究与质的研究。已有的教师身份认同的研究方法包括了定量研究、定性研究或者混合研究的模式，本研究采用定量与定性混合的研究方法，坚持实用主义哲学的兼容性观点（compatibility thesis），将定量与定性研究的优势特点进行互补，以共同解答研究问题。虽然混合研究有耗时耗力、成本更高的不足，但有着能提供多个证据、保证多种效度、提供深入完整的解释等优势，尤其能提供主位视角和客位视角的理解，有助于更深入地从内部视角和客观局外人视角来回答研究假设，对于研究本身具有重要的意义。[1]

1. 量表调查

基于问卷的调查研究属于定量研究（Quantitative Research）的范畴，是属于实证类型的客观研究范式，关注代表"事实"的数据特征，直接对现实存在的现象进行描述分析。研究者需要从样本推断总体，选出适合量的样本通过调查收集数据并进行统计分析与推断，最后获得相关总体的推论。[2]

---

[1] 拉里·克里斯滕森，伯克·约翰逊，莉萨·特纳. 研究方法设计与分析　第11版[M]. 北京：商务印书馆，2018：329—331.

[2] 米歇尔·刘易斯·伯克，艾伦·布里曼. 社会科学研究方法百科全书　第3卷[M]. 重庆：重庆大学出版社，2017：1085.

问卷调查是调查研究的主要方法之一，是运用科学设计的问卷对基于目标群体选取的研究样本进行调查数据的描述性研究，聚焦关于该样本人群某一方面的行为、知识、态度、信念、观点、特征、期待、类属等方面的信息。通过科学统计方法对数据进行量化研究，获得描述性、发现性、解释性等研究结果。作为社会学与心理学常用的方法，调查研究遵循演绎法，从研究问题开始，提出假设、编制调查工具、确定样本人群、开展调查收集数据，以实证测量与数据分析收尾。问卷质量是调查研究的根本基础，一份能符合研究需要、能促使被调查者提供真实而准确信息的问卷尤为关键，决定着研究的成败。① 问卷设计需要符合主题明确、逻辑清晰、立足于目标人群角度这些基本原则才能确保高质量的研究。②

量表调查是使用标准化等级量表进行调查的方法。标准化等级量表调查项目设计严格，题项表述合理，计量方式规范统一，统计分析科学明晰，是一种特殊的高质量问卷，因此关键是量表的设计。社会科学中的许多现象所对应的理论构念无法直接测量，为了理解这些现象的原因、效应、内涵等，研究者们发展出了使用一组有效（效度）且可信（信度）的经验指标来对这些理论构念进行研究，这一组经验指标就是量表。③ 因此，量表就是一组由信效度的经验指标所组成可测量的题项，每一个题项的选择项都可以在一定单位尺度上进行反映，可以按确定的标准计分来量化处理，从而通过经验捕捉到理论构念的本质意义。④

2. 深度访谈

访谈研究属于定性研究的类型，通过访谈来重建研究者无法观

---

① 吴越. 走进社会学[M].北京:西苑出版社,2018:110—112.
② 同上.
③ 米歇尔·刘易斯·伯克,艾伦·布里曼. 社会科学研究方法百科全书 第3卷[M].重庆:重庆大学出版社,2017:1212—1216.
④ 同上.

察到的过去事件①,是个案研究最重要的信息来源之一②。从本质上讲,访谈是一种获取信息的方法,是一种"人与人之间的对话,其中一个人扮演研究人员的角色",作为一种社会互动的形式,包括两个甚至更多的人之间的面对面的接触,每个人都在打量对方,构建对方的词语、表情和手势的含义③。米什勒(Mishler)于 1986 年、里斯曼(Riessman)于 2008 年都作为叙事研究者强调过,人们应该通过讲述自己经历来理解自我和自己的世界④。虽然我们不能从表面上理解他人故事,但是通过分析人们谈论自己生活的方式,分析他们在访谈中使用的话语,我们可以了解到很多关于人们如何体验他们的世界。同时,好的访谈也是一种探索自我的过程。通过访谈,人们对自己的经历有了新的见解和理解。这就对访谈深入程度及访谈质量又有了更高要求。

深度访谈,学界所指的主要就是半结构式的访谈(semi-structured depthinterview),主要特征包括⑤:

● 是一种以改进知识为目的设计的研究访谈。

● 存在需要理解的特殊性。

● 它的计划是一种经过深思熟虑的一半或四分之一的照本宣科的访谈:问题只是部分提前准备的半结构化,大部分都是研究者的即兴发挥,在很大程度上,深度访谈是作为由研究者与受访者联合制

① Taylor, S. J., Bogdan, R. and DeVault, M. Introduction to Qualitative Research Methods: A Guidebook and Resource. 4th Edition [M]. John Wiley & Sons, London, UK. 2015:105.

② 罗伯特·K.殷.案例研究·设计与方法.原书第 5 版[M].重庆:重庆大学出版社,2017:133.

③ Taylor, S. J., Bogdan, R. and DeVault, M. Introduction to Qualitative Research Methods: A Guidebook and Resource. 4th Edition [M]. John Wiley & Sons, London, UK., 2015:114.

④ Taylor, S. J., Bogdan, R. and DeVault, M. Introduction to Qualitative Research Methods: A Guidebook and Resource. 4th Edition [M]. John Wiley & Sons, London, UK., 2015:107.

⑤ Tom Wengraf. Qualitative Research Interviewing: Biographic Narrative and Semi-structured Methods [J]. Sage Pubn Inc, 2001,43(4):814.

作、合作生成的一个整体。

● 深入事物的内部。

深度访谈被视作一种搜索过程,在这个过程中,采访者和受访者共同揭示受访者经历中研究者感兴趣的方面,……对于对话如何展开的深入分析可以产生一种主观体验的科学。[①] 这种访谈能持续两个小时以上,既可以在单个情境中进行,也可以是一个包括多个情境的时间段。[②] 正如塞德曼(Seidman,2013)指出"深度访谈的根本在于对理解他人生活经历以及他们对这些经历的理解",深度访谈是针对无法直接观察到的事件和活动进行的……被访谈对象是真正意义上揭示秘密的人。[③] 研究者可以向主要访谈对象提问对某人、某事的理解和看法,或是对某一特定事件的见解、解释或意义阐释。深度访谈的特点就是了解人们如何构建他们的现实,如何看待、定义和体验世界。

三、样本案例选择与资料分析

1. 量表调查的样本选择

中文版《教师专业身份认同量表》选取上海市基础教育初高中学段教师作为本轮研究样本,基于整群分层抽样的方法。首次,发放 56 份问卷,数据用于问卷可理解性检验。二次,发放问卷 420 份,收回有效问卷 350 份,有效率为 83.3%,数据主要用于项目分析、探索性因素分析等。二次,发放问卷 290 份,收回有效问卷 243 份,有效率为

---

① Taylor, S. J., Bogdan, R. and DeVault, M. Introduction to Qualitative Research Methods: A Guidebook and Resource. 4th Edition [M]. John Wiley & Sons, London, UK., 2015:114.

② 罗伯特·K. 殷. 案例研究·设计与方法. 原书第 5 版[M]. 重庆:重庆大学出版社,2017:86.

③ Taylor, S. J., Bogdan, R. and DeVault, M. Introduction to Qualitative Research Methods: A Guidebook and Resource. 4th Edition [M]. John Wiley & Sons, London, UK., 2015:104.

83.8%,数据主要用于验证性因素分析等。终次,发放问卷82份,用于一致性信度检验。

心理教师身份认同量表研究选取上海市基础教育心理教师作为研究对象,基于整群分层抽样的方法,选取16个行政区中8个区的心理教师作为调查对象,包括浦东新区、徐汇区、普陀区、静安区、黄浦区、虹口区、闵行区、奉贤区等,涵盖通常意义上的传统市中心城区、新兴发展城区与传统郊县城区。调查共发放问卷220份,有效问卷209份,有效率为95%。以每所中小学校配备1名或以上心理教师计,这个比例已经具有推断整体的统计学意义了。

2. 深度访谈的案例选择

案例指在某一时间点或经过一段时期所观察到的一种有空间界限的现象(一个单位),它构成一项推论从而可以解释的一类现象[①]。殷(Yin,2017)认为深入研究现实生活环境中正在发生的现象即"案例"[②]。本研究分析的案例,是指向心理教师身份认同困境,作为教师专业身份发展过程中遭遇的真实事件与具体困境,具有内隐性、历时性的特征,对教师感受性与反思能力也有一定要求,因此采用目的性抽样,即按照一定的研究目的选择研究对象,探寻"发生了什么事情""事情是如何发生的",理解教师个体"思考事物的方式"的价值。

访谈对象的选择是访谈所收集的资料能否获得重要信息的关键因素,选择方法通常可以考虑抽样选择和典型选择两种策略。本研究依据目的性抽样的有关策略,选取典型案例进行研究,选择上海市某区不同职称序列的学校心理教师9名,其中二级教师3人、一级教师3人、高级教师3人,每个职级分别选取初中心理教师1人、高中心理教师1人、完中心理教师1人(见表3-1)。

---

① 约翰·吉尔林. 案例研究·原理与实践[M]. 重庆:重庆大学出版社,2017:04.
② 罗伯特·K. 殷. 案例研究·设计与方法. 原书第5版[M]. 重庆:重庆大学出版社,2017:21.

表 3-1　受访教师信息表

专业职称	教龄	性别	学历	职务	受访者代码
二级	2	女	硕士	初中心理教师	E-CZ-1
二级	7	女	硕士	高中心理教师	E-GZ-2
二级	10	男	本科	完中心理教师	E-WZ-3
一级	7	女	硕士	初中心理教师、学科骨干、区中心理组成员	Y-CZ-1
一级	5	女	硕士	高中心理教师	Y-GZ-2
一级	6	女	硕士	完中心理教师、学科骨干、区中心理组成员	Y-WZ-3
高级	20	女	硕士	初中心理教师、学科带头人、区中心理组成员	G-CZ-1
高级	22	女	硕士	高中心理教师、区中心理组成员	G-GZ-2
高级	21	女	硕士	完中心理教师、学科带头人、区中心理组成员	G-WZ-3

3. 访谈资料的收集与分析

本研究以心理教师身份认同困境与应对的访谈为主要资料来源进行分析。首先,将访谈录音准确地转录为文字,参考会话分析的有关规范,将话语停顿、语音语调变化、情绪相关表达等均进行转录,并且由访谈实施者本人进行以确保转录的信度。然后,对访谈原始资料记录进行第二轮仔细阅读、分段与编码,关注心理教师自我在身份认同中的困境,一方面对教师所描述的一些不属于身份认同困境的内容加以区分,另一方面对身份认同困境与应对的内在自我对话进行分析,再进行分类编码。再者,对访谈资料进行第三轮仔细阅读与编码,进一步进行身份认同困境三大类内部的主题编码,通过访谈资料与不同相关理论的对话,聚焦心理教师身份认同困境不同主题下的类别以及影响因素。最后,对访谈原始资料进行第四轮阅读与分析各类别，将一些类别归属为有意义的主题概念，进一步整体思考，并进行竞争性假设检验，以确保对资料分析与理解的准确与全面。

本研究对数据进行主题式分析（Thematic Analysis），这是由布劳恩和克拉克（Braun & Clarke）于 2006 年提出的一种质性研究方法。主题分析作为一种常用的定性数据分析方法，应用于心理学、卫生保健、体育运动等领域。主题，是指发现的特定模式，在其中可以捕获与研究问题相关的数据信息，能够在数据集内对模式特征进行意义的标识。主题应是一个关于关注普遍的领域，而不是数据领域的摘要。主题是一种核心概念支撑或联合的共享意义模式，是强调统一思想的中心组织概念。[①] 依据布劳恩和克拉克提出的六大步骤：熟悉数据、对数据进行编码、搜寻关键主题、重新评估主题、定义和命名主题、生成报告。[②] 这六个关键步骤需要在数据中来回移动，对数据进行分析处理，以得到明确的主题。本研究最初的主题是基于已有关于教师身份认同及困境的文献研究，构建相应"我是谁、我在做什么、我要去哪里"三大框架，随着参与观察与深度访谈的过程中不断深入，基于已有心理教师身份认同困境的研究主题，并在获得的 22.5 万余字访谈资料的梳理过程中逐步提炼出本文的研究框架。

四、研究信效度与研究伦理

1. 研究信度与效度

20 世纪 80 年代，古鲍和林垦（Guba & Lincoln）通过制定标准来确保定性调查的严谨（他们称之为可信度），从而改变了定性调查的

---

① Braun V, Clarke V. Reflecting on reflexive thematic analysis [J]. Qualitative Research in Sport, Exercise and Health, 2019, 11:4, 589 - 597.

② Braun V, Clarke V. Using thematic analysis in psychology [J]. Qualitative Research in Psychology, 2006, 3(2):77 - 101.

本质,以评估结果的确实性(credibility,)、可外推性(transferability)、可靠性(dependability)和可信度(trustworthiness)。① 殷认为案例研究是实证社会研究的一种,同样应运用评定实证社会研究质量的四种检验方法进行检验,为"建构效度、内在效度、外在效度、信度"②,结合本研究进行描述:

建构效度(Construct validity):对所要研究的概念形成一套正确的、具有可操作性的且成体系的研究指标,避免先入为主的主观偏见。为提高建构效度,本研究将使用心理教师多种证据来源进行交叉印证,包括学校相关部门评定、绩效考核、个人职称等证据,并且努力形成证据链,同时请受访教师作为资料提供者对案例报告初稿进行检查核对。

内在效度(Internal validity)(仅用于解释性或因果性案例研究):从各种教师工作实践的纷乱现象中找寻因果联系,证明某一特定条件将会引起另一特定结果;案例研究的内在效度检验可以扩展到推导过程这一更广泛的问题上。③ 在研究过程中保持一种好奇的敏感力,在教师可接受的范围内进行提问与解答,如果存在某一事件无法直接观察,就需要进行一次推导,探索一种"如果—那么"(if—then)的变化。如果存在一定的条件(自变量),那么就会出现一个包含一定特征元素的过程(因变量)。④

外在效度(Validity):建立一个本研究的主题范畴,把资料分析后的各项结果归纳在这个主题范畴之下,并进行判断成果是否可以归纳并推广到其他案例研究。问题形式可以帮助确认或提示最佳

---

① Janice, M, Morse. Critical Analysis of Strategies for Determining Rigor in Qualitative Inquiry [J]. Qualitative Health Research, 2015.

② 罗伯特·K. 殷. 案例研究·设计与方法. 原书第 5 版[M]. 重庆:重庆大学出版社,2017:56.

③ 罗伯特·K. 殷. 案例研究·设计与方法. 原书第 5 版[M]. 重庆:重庆大学出版社,2017:59.

④ Rogers C R. A Theory of Therapy and Personality Change: As Developed in the Client-Centered Framework [J]. Perspectives in Abnormal Behavior, 1974:341 - 351.

归纳方法①。

信度(Reliability):清楚表明本研究中的案例选择、访谈模式、资料收集、数据分析等过程,使研究具有可重复性,如果重复这一研究,能得到相同或近似的结果。②

参与观察的信度与效度问题,乔金森提出的判断依据是研究者能否"直接进入局内人的意义和行为世界,收集与关键概念有关的多重指标(或证据形式)"。③ 需要通过研究程序和证据形式对概念进行结构与检验。依据参与观察进入现场的三项选择条件,进入现场、参与者承担的角色边界、该角色能否深入接触研究对象,学校属于需要协商才能进入的较为封闭(closed)的现场,本研究的研究者作为成员身处现场且能深入观察教师群体,且可能深入交流。

本研究中的访谈人员与转录人员保持一致,选取类似的访谈环境,避免无关因素影响,并且保持一种开放心态与社会科学中的价值中立。开放心态属于一种接纳,是无条件积极关注和理解的前提。"开放心态"即是在自己与他者的思考之间公平地穿梭,是"对话性交流",其归根结底旨在重建与发展新的自我、新的社会而生发的心态。④ 这里的价值中立不是指类似实证主义的全面彻底的价值无涉的"脱价值化",而是一种社会科学的方法论思想,是一种用以规范社会科学研究者行为的"规范原则"。⑤ 价值中立要求研究者在访谈及资料分析过程中,对被研究者个体及其思想行为不评价、不指责、不干涉,超越双方价值观念的冲突,采取中立的态度。研究者的价值中立有助于在访谈过程中创设一种安全接纳的氛围,有助于受访者自

---

① 罗伯特·K.殷.案例研究·设计与方法.原书第5版[M].重庆:重庆大学出版社,2017:60.

② Taylor, S. J., Bogdan, R. and DeVault, M. Introduction to Qualitative Research Methods: A Guidebook and Resource. 4th Edition [M]. John Wiley & Sons, London, UK., 2015:127.

③ 丹尼·L.乔金森.参与观察法[M].重庆:重庆大学出版社,2015:28.

④ 钟启泉.批判性思维:概念界定与教学方略[J].全球教育展望,2020,49(01):3—16.

⑤ 赖金良.社会科学的"脱价值化"及"价值中立"问题[J].人文杂志,2010(06):1—6.

由无压力地表达自己的想法与感受。从而真正发现被研究者独立的意识、价值判断和选择。①

2. 研究伦理

本研究坚持严格遵守务本求实的科学原则,同时遵守研究过程的伦理规范,并对研究的结果负责。伦理规范"为教育实践给予一般性指导方针的策略,与法律允许的范围相比,适用于更广泛理解"②。对于中国的研究者来说,关注的问题还是方法和技术问题,……,是一种"方法伦理"。③

本研究将遵循自愿参与的原则。全面审查其自身角色,确立"知情同意""尊重与平等""无伤害和受益"的方法论原则,了解其界限、定位以及与研究对象之间传递私密信息的特殊方式,体现抽象、反思和公正的人际伦理关系。坚持一种研究者的伦理警觉。进行研究设计时,不断地自问是否会对研究对象造成伤害。在实施过程中坚持将收集资料交给当事人审阅,得到当事人认同,并且有效执行保护隐私、防止信息外泄等举措。

---

① 王硕."共情"对质性研究效度的影响[J].教育学术月刊,2011(07):15—18.
② 罗生全,靳玉乐.论教育研究的伦理自觉[J].西南大学学报(社会科学版),2013,39(01):49—54+174.
③ 薛晓阳著.教育的哲学方法与问题[M].镇江:江苏大学出版社,2018:07.

第四章

中文版教师专业身份认同测量工具的修订

本章研究目的是修订一份基于对话自我理论的教师身份认同量表。探索心理教师的身份认同需要有合理的测量工具,作为主体感知身份认同的研究,更需要运用基于对话自我理解理论的测评工具。本研究的第一部分将以调查研究为主,以期了解我国基础教育学校心理教师的身份认同现状与特征,为进一步提高和改善基础教育学校心理教师的专业发展提供实证依据,进而推动基础教育心理健康教育工作的深化与发展。

一、中文版教师身份认同量表的翻译与校正

卡拉奥利和菲利波(2019)认为尽管教师身份认同概念受到社会关系和语境的影响,但构建与重建过程主要是个人在进行,是教师自身通过解释、自我反思和能动性的建构过程。当人们一味强调教师身份是由社会决定的,那就很难理解教师们究竟是如何作为"独特的"个体和专业人士,仍能坚持在不同的环境中表现出能动性。他们认同吉(Gee,1990)的观点,后现代对于身份认同的概念并不是要否认每个人都有一个"核心身份",而是这个身份在不同的背景下对我们自己和他人都更加统一。因此,核心(或实质)身份产生于个人的自然愿望,以保持一个一致和连贯的自我意识。因此,教师身份认同是教师在"当前时刻对自己的感知",或者是"作为一名教师,此刻我

是谁?"这样一个问题的回答,是对当前自己职业自我的有意识理解。他们回顾已有的基于对话自我理解理论相关的教师身份认同概念的因素,参考整合了凯尔克特曼(Kelchtermans,1993,2009)提出的自我形象、自尊、工作动机、任务感知和未来展望这五因素,以及戴(Day,2002)提出的工作满意度、职业承诺、自我效能感和工作动机这四因素,进行了量表研制,开发出一套教师身份认同测量工具,其中包含自我效能、建构主义观点的任务导向、传统观点的任务导向、内在工作动机、外部激励动机、未来展望、专业承诺等七大因素。

　　教师身份认同量表包含七个因素共有 48 个条目,已经在一项面向芬兰移民教师的研究中作为工具[①],每个因素的条目不等,采用 6 点计分(1=强烈不同意,2=不同意,3=有点不同意,4=有点同意,5=基本同意,6=非常同意),以总分表示教师身份认同水平。本研究基于量表修订的双翻程序,并参考卡拉奥利(Karaolis)和菲利波(Philippou)的量表工具前期开发的描述与内容,对量表进行汉化。首先,由 1 名心理学博士、2 名心理专业教育博士和 2 名英语专业教育博士对原量表进行独立翻译。随后 5 名翻译者共同探讨核对,对存在细微差异的问题进行校正,形成汉化版第一稿。

　　随后,由 1 名心理学博士、1 名心理专业教育博士和 1 名中文专业教育学博士对第一稿量表条目的语言准确性和流畅性进行核对,以求语言表述上的细微修改更符合中国人的言语表达规范,得到量表的第二稿。

　　然后,由 1 名教师教育学院的科研人员、1 名学校英语教师、1 名学校数学教师、1 名学校语文教师对第二稿量表条目的语言准确性、理解性和表达性进行再一次核对,以求语言表述上的细微修改更为符合国内教师的言语理解与表达规范,得到量表的第三稿。

　　最后,邀请 3 名专业英语翻译工作者对第三稿量表进行回译,核

[①] Hui W. IMMIGRANT TEACHERS'PROFESSIONAL IDENTITY IN KUULUMISIA EDUCATION PROGRAMME: A MIXED-METHOD APPROACH [J]. Teacher Education, 2022.

对比较回译稿与英文原版量表,并与参与"双翻"的工作者进行多次评估讨论,核对无异议后对量表条目进行编序,最终形成中文版教师身份认同量表。量表沿用 6 级计分,总得分越高,表明教师身份认同程度越高。

二、量表修订的研究样本与方法

1. 研究样本

样本 1:对中国某沿海城市多所学校教师作为本次研究的对象,共向教师对象发放 56 份问卷,回收 56 份问卷,剔除无效问卷,所回收的问卷全部有效。本次收集的数据主要用于问卷的可理解性检验。

样本 2:选取上海市基础教育初高中学段教师作为本轮调查的研究对象,开展线上调查。共发放问卷 420 份,收回有效问卷 350 份,有效率为 83.3%。本次收集的数据主要用于项目分析、探索性因素分析等。

样本 3:选取上海市基础教育初高中学段教师作为本轮调查的研究对象,开展线上调查。共发放问卷 290 份,收回有效问卷 243 份,有效率为 83.8%。本次收集的数据主要用于验证性因素分析等。

样本 4:选取国内沿海某城市某中学教师作为本轮调查的研究对象,开展线上调查。共发放问卷 90 份,收回有效问卷 90 份,有效率为 100%。此次发放的问卷包括中文版教师身份认同量表以及校标工具,主要用于检验问卷的效标关联效度。间隔 4 周后,联系到 82 人进行中文版教师身份认同量表的重测,数据全部有效收回,主要用于检验量表的重测信度。

2. 研究工具

(1) 中文版教师专业身份认同量表

卡拉奥利和菲利波的《教师专业身份认同量表》,本研究对其进行汉化后形成《中文版教师专业身份认同量表》。该量表包括自我效能、任务导向、工作动机、未来展望和专业承诺五个维度,其中任务导向分为建构主义观点与传统观点,工作动机分为内部动机和外部激励,含 7 个子量表,共计 48 个条目。量表采用 6 点计分,1＝完全不同意,2＝基本不同意,3＝有点不同意,4＝有点同意,5＝基本同意,6＝完全同意,以总分表示教师身份认同水平,得分越高代表教师对专业身份认同水平越高。

（2）效标工具一:心理授权问卷

采用《心理授权问卷》作为效标工具之一。心理授权（psychological empowerment）问卷是施普赖策（Spreitzer,1995）编制的用于一个人在工作中所体验到的心理状态与认知过程的综合体,包含对自身工作角色四个方面的定位:自我效能、影响力、工作意义和工作自主性。该量表反映了一个人作为主体对自己工作角色的积极定位。国内学者李超平、时堪于 2006 年对该问卷进行修订,略有修改,仍然包含原有工作意义、自我效能、自主性和工作影响四个维度,每个维度 3 题共 12 个题项,采用五点评分法,1＝非常不同意,2＝比较不同意,3＝不好确定,4＝比较同意,5＝非常同意。国内已有研究表明该量表具有较好的信度与效度。[①] 其中,工作意义子量表反映个体主观感觉到所从事工作的意义,自我效能子量表反映个体对自身技能、能力及做好一项工作的自信心,工作自主子量表反映个体在完成一项工作时有多大程度的独立性和自主权,工作影响子量表反映个体对发生在本部门的一些事情的控制力和影响程度。本量表研究的是教师专业身份认同,不涉及教师在部门中的控制力和影响程度情况,故采用该量表前三个子量表作为校标工具。该问卷已经在企业管理领域广泛使用,并已经在教师群体中开展了众多的研究,发现与教师胜任力（胡东 等人,2022）[②]、职业倦怠（周春燕 等人,2022）[③]、组织支持

---

① 戴晓阳. 常用心理评估量表手册[M]. 人民军医出版社,2010:341—344.
② 胡东,王亚军,郭英. 民族地区农村中小学教师心理授权与教师胜任力的关系:教学效能感的中介作用[J]. 中国健康心理学杂志,2022(004):030.
③ 周春燕,侯雅蓉,黄海,等. 中小学教师心理授权对职业倦怠的影响:表层行为和深层行为的不同作用[J]. 中国临床心理学杂志,2022(003):030.

感(王静 等人,2022)①、职业幸福感(王云霞 等人,2021)②、工作投入(陆桂芝 等人,2012)③等均存在相关。

（3）校标工具二：中小学教师职业认同量表

采用《中小学教师职业认同量表》作为校标工具之二。国内学者魏淑华提出教师职业认同是教师主体对职业以及内化的职业角色的积极的认知、体验和行为倾向的综合体,并于 2008 年研制该量表,包含四个维度：角色价值观、职业行为倾向、职业价值观、职业归属感。④ 该量表共 18 个题项,采用五点评分法：1＝非常不符合,2＝比较不符合,3＝不确定,4＝比较符合,5＝非常符合。得分越高代表对教师职业的认同水平越高。该量表内在一致性系数 0.893,分半信度0.834,效标关联效度 0.510,具有良好的信度与效度。其中,职业价值观子量表,反映教师个体对教师职业的意义、作用等的积极认识和评价,角色价值观子量表反映教师个体认为"教师角色"对自我的重要程度等的积极认识和评价,职业归属感子量表反映教师个体意识到自己属于教师群体中的一员并有与教师职业荣辱与共的情感体验,职业行为倾向反映教师个体表现出完成工作任务和履行职业责任所必需的行为或未明确规定但有益于工作效能提高的行为倾向。该问卷在教育领域已经获得广泛使用。

3. 研究方法

本研究问卷的施测通过线上和线下相结合的形式进行。在问卷星平台上发布线上测量问卷,通过联系各学校相关教师进行线上实测等方法,同时结合部分线下发放问卷进行数据收集。汇总数据后,将有效数据录入 SPSS26.0 统计软件,进行数据整理与分析。

---

① 王静,张志越,陈虹.中学教师组织支持感与心理授权的关系——心理资本的中介作用[J].教育学术月刊,2022(05):91—96. DOI:10.16477/j.cnki.issn1674-2311.2022.05.002.
② 王云霞,宋莉莉,卢家楣.中学教师胜任力,心理授权与职业幸福感的关系研究.
③ 陆桂芝,高海霞,葛俭.心理授权对教师工作投入的影响[J].黑龙江高教研究,2012,30(7):3.
④ 魏淑华.教师职业认同研究[D].西南大学,2008.

　　第一步，进行问卷 48 个题项的可理解性分析。依据可理解性检验的实施原则，邀请教师独立对问卷每一个题项含义阅读后进行五点评分，1＝完全不理解、2＝基本不理解、3＝一般、4＝基本理解、5＝完全理解。计算获得问卷每一个题项的可理解程度，以分析本问卷与教师群体的认知理解水平是否匹配。

　　第二步，对收集的数据进行项目分析。本量表共包含自我效能、任务导向、工作动机、未来展望和专业承诺五个维度共 7 个子量表，对每个量表进行项目分析。项目分析（item analysis）是评估每一个题项的质量，依据数据对量表每个题项的区分度、最大信度、决断值及题总相关进行分析，是对量表的项目质量进行的分析研究。

　　第三步，进行探索性因素分析（Exploratory Factor Analysis，EFA）。先不基于原量表的维度设置，对获得的样本 2 数据直接进行抽取公共因素并分析。探索基于观测量变量的数据能抽取多少个公共因素，探索公共因素和特殊因素之间的关系。要求各个观测变量应只受到一个特殊因素的影响，特殊因素之间应互不相关，所有特殊因素与公共因素也互不相关，公共因素之间也互不相关。将基于数据获得的因子与原量表维度进行比对。

　　第四步，进行验证性因素分析（Confirmatory Factor Analysis，CFA），即基于实证数据的因素分析。通过对样本 3 的数据进行实证分析，验证量表因子分析结果的可靠性。基于探索性因素分析构建结构方程模型，对观测变量和潜变量进行模型假设，通过获取的量表结构数据对假设模型进行验证，判断结构模型是否合理。

　　第五步，量表的聚合效度、区分效度、组合信度评估。聚合效度（Convergent Validity）又称收敛效度，是指测量同一构念的多重指标彼此间聚合关联的程度，即不同测量方式应在相同特征的测定中聚合在一起的程度。区分效度（Discriminant Validity）是指反映同一构念的测量指标与其他不同构念的测量指标之间的区别程度。聚合效度和区分效度构成量表的结构效度，聚合效度可以通过平均方差抽取量（Average Variance Extracted，AVE）进行评测，区分效度通过使用 AVE 的算术平方根与对应的相关系数的比较来检验。组合信度（composite reliability, CR），是指一个组合变量的信度。

三、研究结果

1. 条目的可理解性检验

被试对汉化后《中文版教师专业身份认同量表》初测版本的 48 条题项的含义进行"完全不理解、基本不理解、一般、基本理解、完全理解"的评价，得出量表 48 个条目的可理解性均值。对样本 1 的数据进行分析，所有题项都没有存在"完全不理解"和"基本不理解"的情况，每个题项的理解性均值均在 4.5 分以上，表明每个题项的可理解性良好，均值如下（见表 4-1）。

表 4-1　中文版教师专业身份认同量表题项可理解性均值

题项	理解性均值	题项	理解性均值	题项	理解性均值
T1	4.75	T14	4.68	T27	4.86
T2	4.87	T15	4.84	T28	4.87
T3	4.80	T16	4.70	T29	4.50
T4	4.86	T17	4.82	T30	4.79
T5	4.86	T18	4.84	T31	4.80
T6	4.79	T19	4.62	T32	4.73
T7	4.68	T20	4.82	T33	4.82
T8	4.75	T21	4.84	T34	4.75
T9	4.87	T22	4.77	T35	4.70
T10	4.79	T23	4.86	T36	4.71
T11	4.73	T24	4.87	T37	4.89
T12	4.79	T25	4.82	T38	4.73
T13	4.87	T26	4.82	T39	4.79

续表

题项	理解性均值	题项	理解性均值	题项	理解性均值
T40	4.66	T43	4.86	T46	4.87
T41	4.82	T44	4.87	T47	4.79
T42	4.84	T45	4.82	T48	4.91

2. 项目分析

（1）量表与题项信度检验

对样本 2 的数据进行信度检验，采用克朗巴哈系数（Cronbach's Alpha，即 α 系数）对《中文版教师专业身份认同量表》的 7 个子量表进行内部一致性信度分析。总量表与 7 个子量表的内部一致性系数如下（见表 4 - 2）：

表 4 - 2　教师专业身份认同量表的信度分析

	Alpha 系数	项数
总量表	0.954	48
自我效能	0.959	11
建构主义任务导向	0.929	11
内部动机	0.914	4
外部动机	0.905	5
传统主义任务导向	0.860	8
未来展望	0.693	4
专业承诺	0.704	5

数据表明，总量表的内在一致性信度超过 0.9，是好的；7 个子量表中自我效能、建构主义任务导向、内部动机、外部动机的内在一致性信度均超过 0.9，也是好的，传统主义任务导向在 0.8—0.9 之间，是比较好的；未来展望和专业承诺子量表在 0.6—0.8，属于可接受范围。

随后，进行各子量表删除题项后的信度检验。当某个题项删除后的量表克朗巴哈系数不再显著增加且在 0.7 以上时，表明当前量表的信度处于最佳。量表各题项删除后的量表克朗巴哈系数结果如下（见表 4-3）：

表 4-3　各个题项删除后的信度分析结果

题项	删除后的 Alpha 系数	题项	删除后的 Alpha 系数	题项	删除后的 Alpha 系数
T1	.953	T17	.953	T33	.953
T2	.953	T18	.953	T34	.953
T3	.953	T19	.953	T35	.953
T4	.953	T20	.953	T36	.953
T5	.953	T21	.953	T37	.954
T6	.953	T22	.953	T38	.954
T7	.953	T23	.953	T39	.953
T8	.953	T24	.952	T40	.957
T9	.953	T25	.952	T41	.952
T10	.953	T26	.952	T42	.952
T11	.953	T27	.952	T43	.953
T12	.953	T28	.954	T44	.956
T13	.953	T29	.954	T45	.956
T14	.953	T30	.954	T46	.953
T15	.953	T31	.953	T47	.955
T16	.953	T32	.954	T48	.953

数据表明，其中 44 个题项删除后的 Cronbach's Alpha 系数均不再大于现在的值。但其中，有 4 个题项，删除后的 Cronbach's Alpha 系数会提升 0.001 和 0.002，由于目前总量表的 Cronbach's Alpha 系数已经是 0.954，信度很好，提升 0.001 或 0.002 影响微弱，考虑到这

4题全部是量表中的反向计分题，可能计分方式有所影响，在后续因子分析中继续予以观察。

（2）区分度检验

基于样本2数据，首先对量表总分进行高低分的分组，以总人数的27%区分出高分组与低分组，对两组进行独立样本t检验，检验每个题项在高分组与低分组的决断值，检验显著表明各题项区分度较好。量表各个题项区分度检验结果如下（见表4-4）：

表4-4　量表各个题项的区分度检验结果

题项	t	题项	t	题项	t
T1	10.711***	T17	8.162***	T33	10.270***
T2	6.770***	T18	10.210***	T34	8.865***
T3	11.607***	T19	7.171***	T35	10.865***
T4	12.543***	T20	8.502***	T36	8.306***
T5	11.143***	T21	6.455***	T37	6.313***
T6	11.640***	T22	9.833***	T38	7.479***
T7	12.196***	T23	13.330***	T39	6.990***
T8	8.914***	T24	13.597***	T40	1.404
T9	9.554***	T25	13.732***	T41	16.352***
T10	12.191***	T26	13.857***	T42	17.015***
T11	11.873***	T27	14.051***	T43	12.489***
T12	6.886***	T28	11.960***	T44	3.831***
T13	6.346***	T29	10.411***	T45	5.720***
T14	7.419***	T30	11.378***	T46	11.761***
T15	7.977***	T31	16.900***	T47	6.530***
T16	5.574***	T32	11.417***	T48	7.591***

注：$*p < 0.05$，$**p < 0.01$，$***p < 0.001$

数据表明,本量表 48 个题项中有 47 个题项在高分组和低分组存在极其显著的差异($p < 0.001$),1 个题项在高分组和低分组不存在显著性差异($p < 0.01$),表明有 47 个题项的区分度良好,第 40 个题项存在问题。

(3)题总相关

基于样本 2 数据,对各个题项与总分的相关性进行检验,采用皮尔逊相关系数(Pearson)进行相关分析,结果如下(见表 4-5)。

表 4-5　各个题项的题总相关系数

题项	r	题项	t	题项	r
T1	.669**	T17	.616**	T33	.608**
T2	.563**	T18	.641**	T34	.551**
T3	.705**	T19	.614**	T35	.622**
T4	.679**	T20	.674**	T36	.634**
T5	.719**	T21	.570**	T37	.389**
T6	.724**	T22	.623**	T38	.435**
T7	.730**	T23	.694**	T39	.525**
T8	.608**	T24	.715**	T40	.048
T9	.662**	T25	.725**	T41	.729**
T10	.697**	T26	.745**	T42	.717**
T11	.682**	T27	.717**	T43	.699**
T12	.534**	T28	.516**	T44	.188**
T13	.583**	T29	.528**	T45	.244**
T14	.621**	T30	.541**	T46	.596**
T15	.610**	T31	.669**	T47	.303**
T16	.565**	T32	.526**	T48	.535**

注:* $p < 0.05$,* * $p < 0.01$

数据表明,量表有 47 个题项与总分存在极其显著相关($p < 0.01$),各题项与总量表得分相关性检验可以接受。题项 40 数据表明不存在相关性,在后续的验证中予以关注。

3. 探索性因素分析

(1) 量表 KMO 和巴特利特球形度检验

基于样本数据 2 分析,对 48 个题项进行探索性因子分析,先进行 KMO 和 Bartlett 球形检验。当 KMO 值大于 0.6 且巴特利特(Bartlett)球形度检验小于 0.001 时表明数据可以进行探索性因素分析。数据表明量表 KMO 值为 0.945(KMO > 0.6),Bartlett 球形检验的近似卡方值 χ^2 为 14198.381(df=1128,$p=0.000<0.001$),该量表 48 个题项可以进行因素分析(见表 4-6):

表 4-6　量表 KMO 和 Bartlett 球形检验结果

KMO 取样适切性量数		0.945
巴特利特球形度检验	近似卡方	14198.381
	自由度	1128
	显著性	0.000

(2) 公因子方差

对量表 48 个题项进行公因子方差分析,所有题项共同度需要大于 0.4,方可以进行下一步因素分析。各题项共同度如下(见表 4-7):

表 4-7　各题项的共同度

题项	共同度	题项	共同度	题项	共同度
T1	.778	T6	.827	T11	.606
T2	.713	T7	.805	T12	.666
T3	.809	T8	.701	T13	.817
T4	.753	T9	.753	T14	.799
T5	.825	T10	.676	T15	.710

续表

题项	共同度	题项	共同度	题项	共同度
T16	.816	T27	.710	T38	.554
T17	.703	T28	.754	T39	.636
T18	.692	T29	.754	T40	.510
T19	.725	T30	.737	T41	.712
T20	.780	T31	.795	T42	.719
T21	.678	T32	.580	T43	.588
T22	.602	T33	.661	T44	.671
T23	.757	T34	.653	T45	.580
T24	.774	T35	.483	T46	.568
T25	.794	T36	.621	T47	.577
T26	.792	T37	.675	T48	.433

(3) 探索性因子分析

首先依据碎石图,即根据各主成分对数据变异的解释程度绘制成图,根据特征值下降的坡度与拐点为主来推断主成分因子的个数,可以看到第 7 个因子处存在拐点(见图 4 - 1),结合方差可以推断存在 7 个因子。

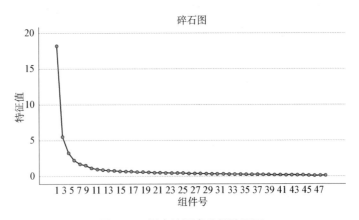

图 4 - 1 探索性因素分析碎石图

选择主成分方法进行提取，量表总方差解释报告中同样列出 7 个因子，7 个因子累计方差解释率为 69.423%（见表 4-8）。

表 4-8 量表的解释变异表报表

	总方差解释						
	初始值特征			提取载荷平方和			旋转载荷平方和[a]
成分	总计	方差%	累计%	总计	方差%	累计%	总计
1	18.220	37.959	37.959	18.220	37.959	37.959	13.629
2	5.460	11.376	49.335	5.460	11.376	49.335	10.048
3	3.216	6.699	56.034	3.216	6.699	56.034	13.225
4	2.213	4.611	60.644	2.213	4.611	60.644	10.162
5	1.671	3.480	64.125	1.671	3.480	64.125	11.917
6	1.467	3.057	67.182	1.467	3.057	67.182	6.081
7	1.076	2.242	69.423	1.076	2.242	69.423	7.709
8	.916	1.909	71.333				
9	.862	1.796	73.128				
10	.795	1.656	74.784				
11	.770	1.604	76.389				
12	.673	1.402	77.790				
13	.646	1.345	79.135				
14	.621	1.294	80.429				
15	.576	1.200	81.629				
16	.545	1.136	82.765				
17	.512	1.067	83.832				
18	.481	1.002	84.834				
19	.439	.915	85.750				
20	.426	.888	86.637				

续表

总方差解释						
成分	初始值特征			提取载荷平方和			旋转载荷平方和[a]
	总计	方差%	累计%	总计	方差%	累计%	总计
21	.415	.865	87.503				
22	.392	.817	88.320				
23	.377	.786	89.106				
24	.365	.761	89.866				
25	.345	.719	90.585				
26	.320	.668	91.253				
27	.308	.642	91.895				
28	.293	.611	92.506				
29	.288	.601	93.107				
30	.278	.578	93.685				
31	.257	.535	94.220				
32	.242	.504	94.723				
33	.236	.491	95.214				
34	.222	.462	95.677				
35	.215	.448	96.124				
36	.207	.431	96.555				
37	.200	.416	96.972				
38	.183	.381	97.353				
39	.176	.366	97.719				
40	.169	.351	98.070				
41	.152	.317	98.387				
42	.147	.305	98.692				
43	.123	.256	98.948				

续表

	总方差解释						
	初始值特征			提取载荷平方和			旋转载荷平方和[a]
成分	总计	方差%	累计%	总计	方差%	累计%	总计
44	.119	.247	99.195				
45	.111	.231	99.427				
46	.101	.211	99.638				
47	.090	.188	99.826				
48	.084	.174	100.000				

提取方法:主成分分析法。

采用最优斜交法进行旋转,特征根大于1抽取为因子,绝对值大于0.5,得到以下因子分析(见表4-9)。

表4-9 各题项的因素负荷

题项	自我效能1	外部激励动机2	建构主义教学观3	传统主义任务观4	建构主义学习观5	专业承诺6	内部动机7	原量表维度
T1	.912							相一致
T4	.895							相一致
T3	.883							相一致
T6	.839							相一致
T8	.838							相一致
T7	.812							相一致
T5	.810							相一致
T2	.739							相一致
T11	.563							相一致

题项	自我效能 1	外部激励动机 2	建构主义教学观 3	传统主义任务观 4	建构主义学习观 5	专业承诺 6	内部动机 7	原量表维度
T10	.555							相一致
T9	.543							相一致
T30		.977						相一致
T28		.965						相一致
T29		.961						相一致
T31		.842						相一致
[T27]								外部动机
[T42]								未来展望
[T41]								未来展望
[T46]								专业承诺
T18			.856					相一致
T17			.845					相一致
T20			.815					相一致
T21			.795					相一致
T22			.692					相一致
T19			.687					相一致
[T36]			[.539]					传统观点
[T48]			[.513]					专业承诺
[T35]								传统观点
[T43]								未来展望
T37				.960				相一致
T39				.821				相一致
T34				.780				相一致

续表

题项	自我效能1	外部激励动机2	建构主义教学观3	传统主义任务观4	建构主义学习观5	专业承诺6	内部动机7	原量表维度
T33				.731				相一致
T38				.656				相一致
[T32]								传统主义
T14					.874			相一致
T13					.868			相一致
T16					.842			相一致
T15					.777			相一致
T12					.766			相一致
T44						.881		相一致
T45						.821		相一致
T47						.810		相一致
[T40]				[−.548]		[.655]		未来展望
T24							.663	相一致
T25							.661	相一致
T23							.624	相一致
T26							.614	相一致

提取方法:主成分分析法。
旋转方法:最优斜交法。

　　由于本量表是从英文版本汉化而来,显然存在着不同文化背景下教师个体对教育教学理解的差异,从探索性因子分析中可以看到一些题项变化:

　　自我效能子量表,共11个题项与原外文量表保持一致。

　　外部激励动机子量表,共4个题项与原外文量表保持一致。

传统主义任务观子量表，共5个题项与原外文量表保持一致。

专业承诺子量表，共3个题项与原外文量表保持一致。

内部动机子量表，共4个题项与原外文量表保持一致。

存在较大变化的是建构主义任务导向的子量表，该表数据经过分析旋转分为了两个因子，分别为6个题项与5个题项，但题项均与原外文量表保持一致。分析两类具体内容，第一个因子6个题项分别为"17教师的主要任务是培养学生的批判性和创造性思维""18教师的重要任务是促进学生相互之间的理解和尊重""19当学生通过转化已有知识达成学习目标时，会学得更好""20教师的重要任务是帮助学生为走向社会作好准备""21学生有时会质疑老师的教学，这很正常""22当教师让学生自己决定一些教学过程的安排时，学生会学得更好"；第二个因子5个题项内容分别是"12当学生可以自主掌握、安排自己的学习进程时，会学得更好""13当学生有机会讨论、探索和表达自己的看法时，会学得更好""14在教学中强调学习过程（即如何学习）时，学生会学得更好""15当学生在一起合作学习时，会学得更好""16当学生主动建构知识时，会学得更好"。可以依据内容分析出第一个因子的特征是教师建构主义教学任务观，而第二个因子的特征是学生在什么情况下学得更好，具有学生学习的建构主义观特征。因此，这两个维度依据各自的分类特征，命名为建构主义教学观和建构主义学习观。

余下题项中，题项"40我担心作为一名教师的发展前途"原属于未来展望的，但在两个因子上存在因素负荷，此处考虑直接删除该题项。另有2个题项"36学生在有教学演示和解释说明时，会学得更好""48我认为教师要对学生的进步负责"原分属于传统主义任务观和专业承诺自量表，现因素负荷归到其他维度因子，此处直接删除该2个题项。

最后，有7个题项未纳入任何一个因子，分别是"27我选择当一名教师，因为学校有比较好的工作环境""32当知识是由教师传授时，学生会学得更好""35教师需要持续了解学生的所有动态""41我对职业的发展前景感到满意""42在未来，我的工作环境会越来越好"

"43 在未来,我期待会有好的专业发展""46 如果现在重新选择职业,我还会选择做教师",前 3 个属于传统主义任务观量表,中间 3 个属于未来展望子量表,后 1 个属于专业承诺子量表,此处考虑删除这 7 个题项。

故而,总量表内就没有专门的未来展望子量表。分析其原因,很可能与中国教师的职业属性有关,我国的公办学校均属于事业单位,其工作发展有着一套完备而明确的职称发展体系,教师群体的收入也相对透明,故而教师个体对职业的未来发展前景是有明确的估计和预判的,不需要内在自我继续予以此方面的关注。

因此,探索性因子分析后的《中文版教师专业身份认同量表》目前共包含 38 个题项,包含 7 个子量表,分别为(见表 4 - 10):

表 4 - 10　探索性因子分析后的量表结构

		题项数
总量表		38
子量表 1	自我效能	11
子量表 2	建构主义学习观	5
子量表 3	建构主义教学观	6
子量表 4	内部动机	4
子量表 5	外部激励动机	4
子量表 6	传统主义任务观	5
子量表 7	专业承诺	3

4. 验证性因素分析

依据样本 3 的数据,使用 Amos24.0 对数据进行验证性因素分析。首先依据探索性因素分析构建模型,以探索性因素分析保留的 38 个题项为观测变量,以 7 个维度为潜变量进行一阶因素分析。运行样本 3 共 243 个数据进行模型评价。

(1) 模型界定与建立假设

教师专业身份认同量表是基于对话自我理论进行构建的量表，采用李克特六级评分，首先在上海市中学教师群体中随机抽样 350 份有效样本，数据在 spss 中进行探索性因素分析，探索模型结构，构建具有七个潜在变量与 38 个观测变量的模型，七个潜在变量为：自我效能、建构主义学习观、建构主义教学观、内部动机、外部激励动机、传统主义任务观、专业承诺。

建立研究假设："自我效能"能被 VT1、VT2、VT3、VT4、VT5、VT6、VT7、VT8、VT9、VT10、VT11 共 11 个观测变量正确反映，"建构主义学习观"能被 VT12、VT13、VT14、VT15、VT16 共 5 个观测变量正确反映，"建构主义教学观"能被 VT17、VT18、VT19、VT20、VT21、VT22 共 6 个观测变量正确反映，"内部动机"能被 VT23、VT24、VT25、VT26 共 4 个观测变量正确反映，"外部激励动机"能被 VT28、VT29、VT30、VT31 共 4 个观测变量正确反映，"传统主义任务观"能被 VT33、VT34、VT37、VT38、VT39 共 5 个观测变量正确反映，"专业承诺"能被 VT44、VT45、VT47 共 3 观测变量正确反映。七个潜变量两两之间存在相关关系。

（2）绘制模型并进行模型适配度估计

导入样本 3 共 243 位教师数据绘制模型，进行模型检验，Amos 软件运行数据表明模型成立，研究假设成立，七个潜变量能够被观测变量正确反映，且两两之间存在相关关系。对七因素模型适配度进行估计，获得模型拟合指标。（见表 4 - 11）

表 4 - 11　模型拟合指标

χ^2/df	P	RMSEA	NFI	RFI	IFI	TLI	CFI
2.048	.000	.066	.825	.810	.902	.893	.901

数据可见，卡方自由度比值＜3，渐进残差均方和平方根 RMSEA＜0.08，NFI、RFI、TLI 均＞0.8，IFI、CFI＞0.9，模型适配度比较良好。

（3）聚合效度与区分效度分析

对量表 38 个题项进行聚合效度检验，数据表明传统主义任务观 CR 值超过 0.8 但 AVE 值低于 0.5，建议移除题项 38 与题项 39，故而依据 AVE 数据删除，究其原因，还是不同文化下教师对教育教学的理解不同。量表 36 个观测变量构成 7 个潜变量，该 7 个因子的 CR 均＞0.7，AVE 均＞0.5，量表聚合效度良好。数据结果如下（见表 4-12）。

表 4-12　结构模型聚合效度

维度	指标	标准化后因子载荷	SE	P	CR	AVE
F1 自我效能	T1	0.704			0.955	0.659
	T2	0.670	0.075	＊＊＊		
	T3	0.824	0.091	＊＊＊		
	T4	0.790	0.098	＊＊＊		
	T5	0.869	0.086	＊＊＊		
	T6	0.873	0.085	＊＊＊		
	T7	0.886	0.089	＊＊＊		
	T8	0.809	0.086	＊＊＊		
	T10	0.858	0.092	＊＊＊		
	T11	0.795	0.096	＊＊＊		
	T9	0.824	0.087	＊＊＊		
F4 建构主义 教学观	T17	0.699			0.874	0.541
	T18	0.848	0.096	＊＊＊		
	T19	0.827	0.085	＊＊＊		
	T20	0.778	0.097	＊＊＊		
	T21	0.633	0.096	＊＊＊		
	T22	0.589	0.114	＊＊＊		

续表

维度	指标	标准化后因子载荷	SE	P	CR	AVE
F5 建构主义 学习观	T12	0.780			0.930	0.726
	T13	0.878	0.074	＊＊＊		
	T14	0.871	0.073	＊＊＊		
	T15	0.821	0.077	＊＊＊		
	T16	0.905	0.068	＊＊＊		
F6 传统主义 任务观	T33	0.699			0.752	0.506
	T34	0.803	0.149	＊＊＊		
	T37	0.619	0.135	＊＊＊		
F7 专业承诺	T44	0.760			0.845	0.645
	T45	0.835	0.091	＊＊＊		
	T47	0.813	0.091	＊＊＊		
F3 外部激励 动机	T28	0.815			0.891	0.673
	T29	0.858	0.067	＊＊＊		
	T30	0.858	0.073	＊＊＊		
	T31	0.745	0.062	＊＊＊		
F2 内部动机	T24	0.870	0.064	＊＊＊		0.738
	T25	0.884	0.071	＊＊＊	0.918	
	T26	0.867	0.064	＊＊＊		
	T23	0.812				

区分效度是指构面依据实证标准真正区别于其他构面的程度，本研究采用 HTMT（heterotrait-monotrait ratio）异质—单质比率进行区分度检验。如表所示，注，对角线黑体数值是各构念的 AVE 平方根，其他是各构念的相关系数，数据表明，量表所有两构面间的 HTMT 值均＜0.85，区分效度良好（见表 4 - 13）。

表4-13　量表区分效度

	F7	F1	F5	F4	F6	F3	F2
F7 专业承诺	**0.803**						
F1 自我效能	0.264	**0.812**					
F5 建构主义 学习观	0.220	0.756	**0.852**				
F4 建构主义 教学观	0.247	0.585	0.700	**0.735**			
F6 传统主义 任务观	0.032	0.366	0.220	0.415	**0.711**		
F3 外部激励 动机	0.167	0.277	0.079	0.254	0.454	**0.820**	
F2 内部动机	0.453	0.540	0.447	0.642	0.370	0.477	**0.859**

对量表36题项7个因子再次结构模型运行与模型适配度估计,结构模型成立(见图4-2),进行修正后的模型拟合指标估计(见表4-14)。

表4-14　二次修正后的模型拟合指标

χ^2/df	P	$RMSEA$	NFI	RFI	IFI	TLI	CFI
2.077	.000	.067	.837	.821	.909	.899	.908

数据可见,卡方自由度比值<3,渐进残差均方和平方根 RMSEA<0.08,NFI、RFI>0.8,TLI接近0.9,IFI、CFI>0.9,AIC= 1448.014,BIC=1700.869,模型适配度良好。

因此,验证性因子分析后的《中文版教师专业身份认同量表》修订为36个题项,包含7个子量表,分别为(见表4-15):

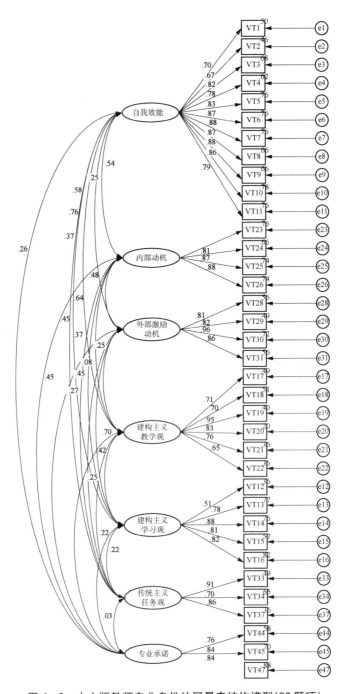

图 4-2 中文版教师专业身份认同量表结构模型(36 题项)

表 4 - 15 探索性因子分析后的量表结构

		题项数
总量表		36
子量表 1	自我效能	11
子量表 2	建构主义学习观	5
子量表 3	建构主义教学观	6
子量表 4	内部动机	4
子量表 5	外部激励动机	4
子量表 6	传统主义任务观	3
子量表 7	专业承诺	3

5. 效标关联效度

基于样本数据,《中文版教师专业身份认同量表》与《心理授权问卷》和《教师职业认同量表》进行相关分析,与两个效标工具量表关联效度良好,结果如下(见表 4 - 16)。

表 4 - 16 效标关联效度

	中文版教师专业身份认同量表
心理授权问卷	.720**
教师职业认同量表	.710**

* 在 0.05 水平(双侧)上显著相关,** 在 0.01 水平(双侧)上显著相关。

各个子量表再与校标工具量表的子量表进行相关分析,中文版教师专业身份认同的七个子量表与《心理授权》三个子量表、《教师职业认同量表》四个子量表均存在极显著相关。数据结果如下(见表 4 - 17)。

表4-17　子量表效标关联效度

中文版教师专业身份认同量表							
	自我效能	建构主义学习观	建构主义教学观	内部动机	外部动机	传统主义任务观	专业承诺
心理授权问卷							
工作意义	.434**	.381**	.467**	.651**	.442**	.434**	.348**
自我效能	.553**	.382**	.470**	.527**	.322**	.443**	.252**
工作自主	.427**	.322**	.430**	.525**	.457**	.408**	.241**
教师职业认同量表							
角色价值观	.525**	.454**	.527**	.667**	.466**	.473**	.312**
职业行为倾向	.464**	.432**	.475**	.696**	.443**	.421**	.356**
职业价值观	.507**	.508**	.551**	.520**	.296**	.429**	.174**
职业归属感	.398**	.407**	.460**	.437**	.242**	.367**	.159**

注:* 在 0.05 水平(双侧)上显著相关,** 在 0.01 水平(双侧)上显著相关。

6. 重测信度

重测信度(test-retest reliability)是指用同一份量表在间隔一段时间之后对同一批被试进行再次测量,计算两次测量所得分数之间的相关程度。重测信度反映的是量表工具跨越时间测量结果的稳定一致性特征,因此也称为稳定性系数。该信度能表示两次测试结果有无变动,反映了测量工具的稳定程度。

本研究从正式施测的教师样本中选取 82 人进行了间隔一个月(4周)时间的重测,共收回有效问卷 82 份,重测数据克朗巴哈系数为 0.931,内在一致性信度良好。对第一次测量与第二次测量数据值采用皮尔逊积差相关系数进行检验。数据结果表明七个因子和教师身份认同总量表的重测信度均达到极其显著性相关,总量表重测信度为 0.714,子量表自我效能、建构主义任务导向、内部动机、外部动机、专业承诺均大于 0.600,子量表传统主义任务导向和未来展望大于 0.550,数据表明本量表重测信度良好(见表 4-18)。

表4-18 教师专业身份认同量表的重测信度

	自我效能2	建构主义任务导向2	内部动机2	外部动机2	传统主义任务导向2	未来展望2	专业承诺2	总量表2
自我效能1	.697**							
建构主义任务导向1		.649**						
内部动机1			.670**					
外部动机1				.614**				
传统主义任务导向1					.569**			
未来展望1						.566**		
专业承诺1							.636**	
总量表1								.714**

注：* $p < 0.05$，* * $p < 0.01$

第 五 章

心理教师专业身份认同的量化研究

基础教育的心理教师群体对自己的身份认同现状可以通过问卷调研了解现状,依据已经修订好的教师身份认同量表开展调查,通过数据探讨中小学心理教师身份认同上的差异,了解中小学心理教师身份认同的现状,探讨学校心理教师身份认同的特点与相关变量上的差异,揭示心理教师身份认同的相关特征。

一、研究方法

1. 研究被试

在上海市进行整群分层抽样的方法,选取 16 个行政区中的 8 个区的心理教师作为调查对象,包括浦东新区、徐汇区、普陀区、静安区、黄浦区、虹口区、闵行区、奉贤区等,涵盖通常意义上的传统市中心城区、新兴发展城区与传统郊县城区。调查共发放问卷 220 份,有效问卷 209 份,有效率为 95%。以每所中小学学校配备 1 名或以上心理教师计,这个比例已经具有推断整体的统计学意义了。

2. 研究工具

采用自主修订的《教师身份认同量表》(见附录),量表包括 36 个题项,包含 7 个因子,分别为自我效能、建构主义学习观、建构主义教学观、内部动机、外部激励动机、传统主义任务观、专业承诺等 7 个子量表。问卷采用 Likert 6 点计分,单选方式,从完全不同意到完全同意分别记 1—6 分(1=完全不同意,2=基本不同意,3=有点不同意,4=有点同意,5=基本同意,6=完全同意)。量表经过探索性因素分析和验证性因素分析,具有良好的信效度。

3. 研究程序

研究以各区心理教师区级研修团队为单位,使用问卷星平台发放在线问卷,进行调研数据的收集。在线问卷使用统一的指导语并强调回答的隐私保护与真实性,全部问卷数据在两周时间内完成。数据分析采用 SPSS26.0 统计软件处理。

二、研究结果

1. 量表信度检验

对量表数据进行信度检验,采用克朗巴哈系数(Cronbach's Alpha,即 α 系数)对本次心理教师的《中文版教师专业身份认同量表》中的相关量表和子量表进行内部一致性信度分析,如下(见表 5‐1):

表 5‐1 心理教师专业身份认同问卷的信度

	Alpha 系数	项数
总问卷	0.894	55
专业身份认同量表	0.887	36
子量表 1‐自我效能	0.935	11
子量表 2‐建构主义学习观	0.863	5
子量表 3‐建构主义教学观	0.832	6
子量表 4‐内部动机	0.911	4
子量表 4‐外部激励动机	0.793	4
子量表 6‐传统主义任务观	0.624	3
子量表 7‐专业承诺	0.814	3
影响因素问卷	0.823	19

问卷整体数据表明,总问卷、专业身份认同量表、影响因素问卷的内在一致性信度均在 0.8—0.9 之间,是比较好的。专业身份认同量表的七个子量表中自我效能、内部动机的内在一致性信度超过 0.9,是很好的,建构主义学习观、建构主义教学观、专业承诺的内在一致性信度在 0.8—0.9 之间,也是比较好的;外部激励动机和传统主义任务观的内在一致性信度在 0.6—0.8,也是可以接受的范围。

2. 研究对象基本情况

对于这 209 名上海市中小学心理教师进行基本情况分析,依据学段、性别、教龄、学历、职称、专兼职情况进行基本情况汇总与分析。(见表 5 - 2)

表 5 - 2　中小学心理教师基本情况分析

变量	水平	人数	百分比
学段	小学	78	37.3
	初中	63	30.1
	高中	35	16.7
	跨小学初中	21	10.0
	跨初中高中	12	5.7
性别	男	12	5.7
	女	197	94.3
教龄	5 年及以下	40	19.1
	6—10 年	44	21.1
	11—15 年	44	21.1
	16—20 年	28	13.4
	21—25 年	29	13.9
	26 年及以上	24	11.5
学历	中师及以下	0	0
	大专	0	0
	本科	138	66.0

变量	水平	人数	百分比
	硕士研究生	69	33.0
	博士研究生	2	1.0
职称	三级(含见习)	11	5.3
	二级	57	27.3
	一级	102	48.8
	高级	37	17.7
	正高	2	1.0
专兼职	专职心理教师	108	51.7
	同时其他学科教学	68	32.5
	兼任班主任、年级组长	17	8.1
	兼任学校中层	24	11.5
	兼任其他工作	37	17.7

数据可见,心理教师小学、初中、高中的学段填表人数随着学段上升而下降,这与上海市的小学、初中、高中的数量随着学段上升而下降的趋势是相符合的。其中,参与调研的男性心理教师的人数显著低于女性心理教师的人数,这与日常学校里中小学心理教师普遍为女性的常态情况也是相符合的。参与调研的教师不同教龄的人数相对是均衡的。同时,学校心理教师的学历普遍在大学本科以上,有三分之一的为研究生学历,还有两名具有博士研究生学历,可见心理教师的学历水平是比较高的。参与调研的心理教师职称最多集中于一级、随后是二级、高级、三级(含见习)和正高。参与教师中,有一半多一些的心理教师是没有任何其他职务的专职心理教师,有三分之一的教师还兼任其他学科的教学工作,有三分之一的心理教师还兼任班主任、年级组长、学校中层、其他职务。

3. 心理教师身份认同的总体情况分析

对 209 名心理教师身份认同的数据进行描述统计分析,可以了解到心理教师身份认同的整体均值与标准差，以及 7 个子量表的均值与标准差（见表 5-3）。

表 5-3　心理教师身份认同描述统计

	人数（N）	最小值	最大值	均值	标准差
专业身份认同	209	125	214	172.79	1.250
自我效能	209	27	66	54.29	.504
建构主义学习观	209	18	30	26.85	.205
建构主义教学观	209	23	36	32.13	.229
内部动机	209	7	24	19.73	.256
外部激励动机	209	4	24	15.57	.289
传统主义任务观	209	4	18	12.69	.186
专业承诺	209	125	214	172.79	1.250

在这里，将中小学心理教师的身份认同均值与修订问卷阶段的上海市 593 位中学教师的身份认同水平进行比较。首先，依据修订后的 36 题量表计算上海市中学教师的身份认同整体情况与 7 个子量表情况，可以看到心理教师的身份认同均值（M=172.79）低于教师身份认同均值（M=203.72）（见表 5-4）。

表 5-4　教师身份认同描述统计

	人数（N）	最小值	最大值	均值	标准差
专业身份认同	593	72	252	203.72	1.040
自我效能	593	11	66	55.87	.351
建构主义学习观	593	5	30	27.22	.150
建构主义教学观	593	6	36	31.88	.173
内部动机	593	4	24	20.22	.154
外部激励动机	593	5	30	20.45	.232

续表

	人数(N)	最小值	最大值	均值	标准差
传统主义任务观	593	6	48	36.13	.301
专业承诺	593	3	18	11.96	.150

接着对上海市心理教师的身份认同水平与上海市中学教师的身份认同水平进行整体与子量表的方差分析,结果表明(见表5-5)教师整体与心理教师的专业身份认同存在极其显著差异(F=11.792, $p=0.001≤0.001$),心理教师的专业身份认同度极其显著的低于教师整体。进一步进行子量表方差分析表明,教师整体与心理教师在身份认同五个子维度自我效能、建构主义学习观、建构主义教学观、内部动机、专业承诺上不存在统计意义上的差异。但是,教师整体与心理教师的身份认同在外部激励动机和传统主义任务观两个子维度上存在极其显著的差异($F_{外}=20.570$, $p=0.000<0.001$,$F_{传}=87.450$,$p=0.000<0.001$),心理教师的外部激励动机维度和传统主义任务观均极其显著的低于教师整体。

表5-5 教师整体身份认同与心理教师身份认同的方差分析

	教师整体均值 (N=593)	心理教师均值 (N=209)	F	p
专业身份认同	203.72	172.79	11.792	.001***
自我效能	55.87	54.29	.539	.463
建构主义学习观	27.22	26.85	.024	.877
建构主义教学观	31.88	32.13	1.701	.193
内部动机	20.22	19.73	.207	.649
外部激励动机	20.45	15.57	20.570	.000***
传统主义任务观	36.13	12.69	87.450	.000***
专业承诺	11.96	11.52	.898	.344

* 表示 $p<0.05$,** 表示 $p<0.01$,** 表示 $p<0.001$

4. 心理教师身份认同的差异分析

依据数据对 209 名上海市中小学心理教师进行学段、性别、教龄、学历、职称、专兼职情况方差分析。

(1) 不同学段心理教师身份认同水平方差分析

对不同学段心理教师的身份认同水平进行方差分析，结果表明小学、初中、高中、跨小学初中、跨初中高中的不同学段心理教师专业身份认同水平不存在显著性差异（F＝0.706，p＝0.589＞0.05），（见表 5－6）。

表 5－6　不同学段心理教师的身份认同水平方差分析

		平方和	自由度	均方	F	p
身份认同	组间	927.060	4	231.765	.706	.589
	组内	66959.677	204	328.234		
	总计	67886.737	208			

* 表示 $p < 0.05$，** 表示 $p < 0.01$，*** 表示 $p < 0.001$

(2) 不同教龄心理教师身份认同水平方差分析

对不同教龄心理教师的身份认同水平进行方差分析（见表 5－7），结果表明 5 年及以下、6—10 年、11—15 年、16—20 年、21—25 年、26 年及以上的不同教龄心理教师专业身份认同水平存在极其显著性差异（F＝10.960，p＝0.000＜0.001），身份认同水平均值从低到高排列为 5 年及以下＜6—10 年＜21—25 年＜11—15 年＜16—20 年＜26 年及以上，入职 5 年内的心理教师身份认同水平是最低的（如图 5－1）。

表 5－7　不同教龄心理教师的身份认同水平方差分析

		身份认同均值	标准差	F	p
5 年及以下	（N＝40）	160.20	2.773	10.960	.000***
6—10 年	（N＝44）	166.32	2.133		
11—15 年	（N＝44）	177.32	2.344		

续表

		身份认同均值	标准差	F	p
16—20 年	（N＝28）	180.86	3.223		
21—25 年	（N＝29）	175.62	3.557		
26 年及以上	（N＝24）	184.50	2.800		
总计	209	172.79	1.250		

* 表示 $p < 0.05$，** 表示 $p < 0.01$，*** 表示 $p < 0.001$

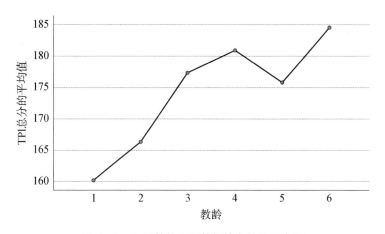

图 5 - 1　不同教龄心理教师的身份认同水平

　　进一步对六类不同教龄心理教师的身份认同水平进行 LSD 多重比较（见表 5 - 8），结果表明 5 年及以下的心理教师身份认同极其显著低于 11—15 年、16—20 年、21—25 年、26 年及以上这四类教龄教师，6—10 年的心理教师身份认同显著低于 21—25 年、非常显著低于11—15 年、极其显著低于 16—20 年与 26 年及以上，21—25 年的心理教师身份认同低于 26 年及以上年龄教师。

表 5 - 8　六类教龄心理教师身份认同水平逐对差异比较结果（p）

	5 年及以下	6—10 年	11—15 年	16—20 年	21—25 年
6—10 年	0.086				

	5 年及以下	6—10 年	11—15 年	16—20 年	21—25 年
11—15 年	0.000***	0.002**			
16—20 年	0.000***	0.000***	0.368		
21—25 年	0.000***	0.017*	0.662	0.225	
26 年及以上	0.000***	0.000***	0.083	0.421	0.049*

* 表示 $p < 0.05$,** 表示 $p < 0.01$,*** 表示 $p < 0.001$

于是,对不同教龄心理教师的身份认同子量表因子水平进行方差分析,结果表明不同教龄心理教师身份认同在因子自我效能、建构主义学习观、建构主义教学观、内部动机上存在极其显著性差异($F_{自}=14.116,p=0.000<0.001$;$F_{建学}=8.459,p=0.000<0.001$;$F_{建教}=5.096,p=0.000<0.001$;$F_{内}=4.147,p=0.001\leqslant0.001$),(见表 5 - 9)。

表 5 - 9 不同教龄心理教师的身份认同因子方差分析

		平方和	自由度	均方	F	p
自我效能	组间	2854.139	5	570.828	14.116	.000***
	组内	8209.057	203	40.439		
	总计	11063.196	208			
建构主义学习观	组间	316.065	5	63.213	8.459	.000***
	组内	1517.036	203	7.473		
	总计	1833.100	208			
建构主义教学观	组间	254.203	5	50.841	5.096	.000***
	组内	2025.309	203	9.977		
	总计	2279.512	208			
内部动机	组间	264.984	5	52.997	4.147	.001***
	组内	2594.011	203	12.778		
	总计	2858.995	208			

续表

		平方和	自由度	均方	F	p
外部动机	组间	73.361	5	14.672	.839	.524
	组内	3551.740	203	17.496		
	总计	3625.100	208			
传统主义 任务观	组间	57.470	5	11.494	1.617	.157
	组内	1442.932	203	7.108		
	总计	1500.402	208			
专业承诺	组间	101.095	5	20.219	1.462	.204
	组内	2807.058	203	13.828		
	总计	2908.153	208			

* 表示 $p < 0.05$，** 表示 $p < 0.01$，*** 表示 $p < 0.001$

（3）不同教龄心理教师身份认同差异因子的方差分析

进一步对不同教龄心理教师身份认同的自我效能、建构主义学习观、建构主义教学观、内部动机这四个因子进行 LSD 多重比较（见表 5 - 10）。

表 5 - 10　六类教龄心理教师身份认同子量表因子水平逐对差异比较

		5 年及以下	6—10 年	11—15 年	16—20 年	21—25 年
自主效能	6—10 年	0.002**				
	11—15 年	0.000***	0.018*			
	16—20 年	0.000***	0.000***	0.116		
	21—25 年	0.000***	0.020*	0.817	0.220	
	26 年及 以上	0.000***	0.000***	0.039*	0.598	0.088
建构主义 学习观	6—10 年	0.215				
	11—15 年	0.000***	0.001***			
	16—20 年	0.002**	0.046*	0.308		

		5年及以下	6—10年	11—15年	16—20年	21—25年
	21—25年	0.000***	0.010**	0.646	0.606	
	26年及以上	0.000***	0.000***	0.181	0.036*	0.104
建构主义教学观	6—10年	0.096				
	11—15年	0.001***	0.093			
	16—20年	0.000***	0.014*	0.317		
	21—25年	0.002**	0.086	0.825	0.475	
	26年及以上	0.000***	0.017*	0.329	0.984	0.480
内部动机	6—10年	0.452				
	11—15年	0.020*	0.103			
	16—20年	0.001***	0.006**	0.190		
	21—25年	0.145	0.422	0.512	0.074	
	26年及以上	0.001***	0.004**	0.128	0.802	0.050*

* 表示 $p < 0.05$，** 表示 $p < 0.01$，*** 表示 $p < 0.001$

    自我效能感水平的数据表明，不同教龄心理教师身份认同的自我效能因子整体随着教龄增长而上升且存在差异。不同教龄教师自我效能水平均值从低到高排列为5年及以下(M=48.00)＜6—10年(M=52.45)＜11—15年(M=55.68)＜21—25年(M=56.03)＜16—20年(M=58.11)＜26年及以上(M=59.04)(如图5-2)。5年及以下教师与11—15年的存在显著差异、与其他教龄段均存在极其显著性差异；6—10年教师与11—15年、21—25年的存在显著差异、与16—20年、26年及以上存在极其显著性差异；11—15年教师与26年及以上存在显著性差异。

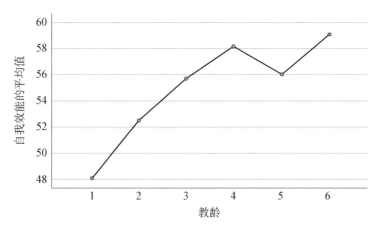

图 5-2　不同教龄的心理教师自我效能因子均值分布

　　建构主义学习观的数据表明,不同教龄心理教师身份认同的建构主义学习观因子整体随着教龄增长而上升且存在差异。不同教龄教师建构主义学习观水平均值从低到高排列为 5 年及以下(M=25.08)<6—10 年(M=25.82)<16—20 年(M=27.14)<21—25 年(M=27.52)<11—15 年(M=27.82)<26 年及以上(M=28.75)(如图 5-3)。5 年及以下教师与 16—20 年存在显著性差异、与 11—15 年、21—25 年、26 年及以上的存在极其显著差异,但与 6—10 年的没有差异;6—10 年教师与 16—20 年存在差异、与 21—25 年的存在显著差异、与 11—15 年和 26 年及以上的存在极其显著性差异;16—20 年教师与 26 年及以上的教师也存在差异。

　　建构主义教学观的数据表明,不同教龄心理教师身份认同的建构主义教学观因子整体随着教龄增长而上升且存在差异。不同教龄教师建构主义教学观水平均值从低到高排列为 5 年及以下(M=30.30)<6—10 年(M=31.45)<11—15 年(M=32.59)<21—25 年(M=32.76)<16—20 年(M=33.36)<26 年及以上(M=33.38)(如图 5-4)。5 年及以下教师与 21—25 年存在显著性差异、与 11—15 年、16—20 年、26 年及以上的存在极其显著差异,但与 6—10 年的没有差异;6—10 年教师与 16—20 年、26 年及以上存在差异。

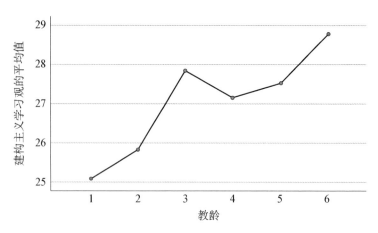

图 5-3　不同教龄的心理教师建构主义学习观因子均值分布

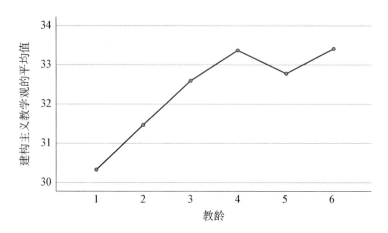

图 5-4　不同教龄的心理教师建构主义教学观因子均值分布

内部动机的数据表明，不同教龄心理教师身份认同的内部动机因子整体随着教龄增长而上升且存在差异。不同教龄教师内部动机水平均值从低到高排列为 5 年及以下（M=18.27）<6—10 年（M=18.86）<21—25 年（M=19.55）<11—15 年（M=20.11）<16—20年（M=21.25）<26 年及以上（M=21.50）（如图 5-5）。5 年及以下教师与 11—15 年存在差异、与 16—20 年、26 年及以上的存在极其显著差异，但与 6—10 年和 21—25 年的没有差异；6—10 年教师与 16—

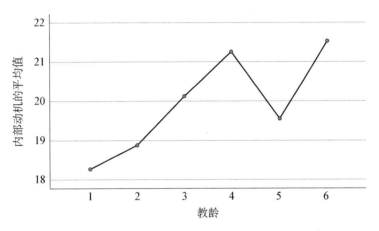

图 5 - 5　不同教龄的心理教师内部动机因子均值分布

20 年、26 年及以上存在显著差异,但与 11—15 年和 21—25 年的没有差异;21—25 年教师与 26 年及以上的教师存在差异。

（4）不同学历心理教师身份认同水平方差分析

对不同学历心理教师的身份认同水平进行方差分析（见表 5 - 11）,结果表明不同学历心理教师专业身份认同水平存在显著性差异（$F=6.235, p=0.013<0.05$）,本科学历心理教师的身份认同水平显著高于硕士研究生及以上学历。

表 5 - 11　不同学历心理教师的身份认同水平方差分析

	本科学历 （N=138）	研究生学历 （N=71）	F	p
身份认同均值	175.00	168.49	6.235	.013*
标准差	1.485	2.208		

* 表示 $p<0.05$,** 表示 $p<0.01$,*** 表示 $p<0.001$

进一步对不同学历心理教师身份认同的因子进行方差分析（见表 5 - 12）,结果表明本科学历和研究生学历的心理教师在自我效能、内部动机、外部动机上存在差异,本科学历在这三个因子上的得分均

表5-12　不同学历心理教师的身份认同因子方差分析

	本科学历 M(SD)	研究生学历 M(SD)	F	p
自我效能	55.22 (6.967)	52.49 (7.621)	1.947	.010**
内部动机	20.17 (3.386)	18.89 (4.159)	3.995	.018*
外部动机	16.02 (4.105)	14.70 (4.200)	0.001	.030*

* 表示 $p < 0.05$, ** 表示 $p \leqslant 0.01$, *** 表示 $p < 0.001$

显著高于研究生学历。

(5) 不同职称心理教师身份认同水平方差分析

对不同职称心理教师的身份认同水平进行方差分析(见表5-13),结果表明不同专业发展水平的心理教师身份认同存在极其显著的差异($F=9.998$,$p=0.000<0.001$),身份认同水平均值从低到高排列为二级<三级(含见习)<一级<高级及以上,二级职称的心理教师身份认同水平是最低的,随后心理教师身份认同会随着职称水平的提升而提升。

表5-13　不同职称心理教师的身份认同水平方差分析

		身份认同均值	标准差	F	p
三级(含见习)	(N=11)	165.82	3.648	9.998	.000***
二级	(N=57)	164.02	2.369		
一级	(N=102)	174.94	1.778		
高级及以上	(N=39)	181.95	2.218		
总计	209	172.79	1.250		

* 表示 $p < 0.05$, ** 表示 $p < 0.01$, *** 表示 $p < 0.001$

进一步对不同职称心理教师的身份认同水平进行 LSD 多重比较

（见表5－14），结果表明三级（含见习）与二级职称的心理教师在身份认同水平上没有差异，但二级职称的心理教师身份认同极其显著低于一级和高级及以上职称的教师，一级心理教师的身份认同显著低于高级及以上的教师。

表5－14　不同职称心理教师身份认同水平逐对差异比较结果(p)

	三级（含见习）	二级	一级
二级	0.748		
一级	0.092	0.000***	
高级及以上	0.006**	0.000***	0.030*

* 表示 $p < 0.05$，** 表示 $p < 0.01$，*** 表示 $p < 0.001$

　　于是，对不同职称心理教师身份认同的子量表因子水平进行方差分析，结果表明不同职称心理教师身份认同在因子自我效能、建构主义学习观、建构主义教学观上存在极其显著差异（$F_{自} = 14.005$，$p = 0.000 < 0.001$；$F_{建学} = 7.659$，$p = 0.000 < 0.001$；$F_{建教} = 8.208$，$p = 0.000 < 0.001$），在内部动机、专业承诺上存在显著差异（$F_{内} = 4.082$，$p = 0.008 < 0.01$；$F_{专} = 4.062$，$p = 0.008 < 0.01$），在传统主义任务观上存在差异（$F_{传} = 3.424$，$p = 0.018 < 0.05$），（见表5－15）。

表5－15　不同职称心理教师的身份认同因子方差分析

		平方和	自由度	均方	F	p
自我效能	组间	1881.724	3	627.241	14.005	.000***
	组内	9181.472	205	44.788		
	总计	11063.196	208			
建构主义学习观	组间	184.756	3	61.585	7.659	.000***
	组内	1648.344	205	8.041		
	总计	1833.100	208			

		平方和	自由度	均方	F	p
建构主义 教学观	组间	244.456	3	81.485	8.208	.000***
	组内	2035.056	205	9.927		
	总计	2279.512	208			
内部动机	组间	161.145	3	53.715	4.082	.008**
	组内	2697.851	205	13.160		
	总计	2858.995	208			
外部动机	组间	17.804	3	5.935	0.337	.798
	组内	3607.297	205	17.597		
	总计	3625.100	208			
传统主义 任务观	组间	71.594	3	23.865	3.424	.018*
	组内	1428.808	205	6.970		
	总计	1500.402	208			
专业承诺	组间	163.185	3	54.395	4.062	.008**
	组内	2744.968	205	13.390		
	总计	2908.153	208			

* 表示 $p < 0.05$,** 表示 $p < 0.01$,*** 表示 $p < 0.001$

（6）不同职称心理教师身份认同差异因子的方差分析

进一步对不同职称心理教师身份认同的自我效能、建构主义学习观、建构主义教学观、内部动机、传统主义任务观、专业承诺这六个因子进行 LSD 多重比较（见表 5-16）。

表 5-16　不同职称心理教师身份认同子量表因子水平逐对差异比较

		三级（含见习）	二级	一级
自主效能	二级	0.805		
	一级	0.014*	0.000***	

		三级(含见习)	二级	一级
	高级及以上	0.002**	0.000***	0.141
建构主义学习观	二级	0.446		
	一级	0.052	0.027*	
	高级及以上	0.001***	0.000***	0.005**
建构主义教学观	二级	0.494		
	一级	0.200	0.000***	
	高级及以上	0.036*	0.000***	0.100
内部动机	二级	0.109		
	一级	0.701	0.014*	
	高级及以上	0.637	0.001***	0.134
传统主义任务观	二级	0.863		
	一级	0.099	0.005*	
	高级及以上	0.143	0.034*	0.894
专业承诺	二级	0.705		
	一级	0.953	0.387	0.512
	高级及以上	0.066	0.016*	0.001***

* 表示 $p < 0.05$，** 表示 $p < 0.01$，*** 表示 $p \leqslant 0.001$

　　自我效能水平的数据表明，不同职称心理教师身份认同的自我效能因子存在差异，不同职称教师自我效能水平均值从低到高排列为二级（M＝50.00）＜三级（含见习）（M＝50.55）＜一级（M＝55.80）＜高级及以上（M＝57.67）（如图 5-6）。三级（含见习）教师与一级、高级及以上教师存在显著差异，但与二级教师不存在显著差异；二级教师与一级、高级及以上教师存在极其显著性差异；一级教师与高级及以上教师不存在显著差异。

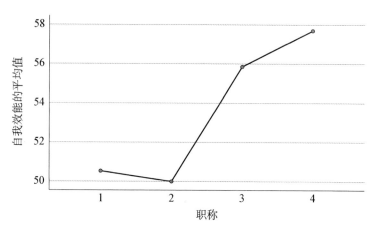

图5-6　不同职称的心理教师自我效能因子均值分布

建构主义学习观的数据表明,不同职称心理教师身份认同的建构主义学习观因子整体随着职称序列的提升而上升且存在差异。不同职称教师建构主义学习观水平均值从低到高排列为三级(含见习)(M=25.18)<二级(M=25.89)<一级(M=26.94)<高级及以上(M=28.46)(如图5-7)。三级(含见习)教师与高级及以上教师存在极其显著差异,但与二级和一级教师不存在统计学差异;二级教师与一级存在统计学差异、与高级及以上教师存在极其显著性差异;一级教师与高级及以上教师存在显著差异。

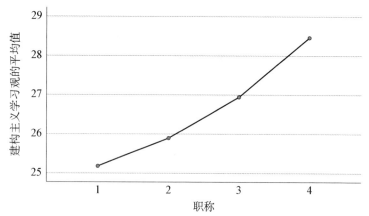

图5-7　不同职称的心理教师建构主义学习观因子均值分布

建构主义教学观的数据表明,不同职称心理教师身份认同的建构主义学习观因子整体随着职称序列的提升而上升且存在差异,但二级教师的均值最低。不同职称教师建构主义教学观水平均值从低到高排列为二级(M=30.56)<三级(含见习)(M=31.27)<一级(M=32.56)<高级及以上(M=33.54)(如图5-8)。三级(含见习)教师与高级及以上教师存在统计学差异,但与二级和一级教师不存在统计学差异;二级教师与一级和高级及以上教师存在极其显著性差异;一级教师与高级及以上教师不存在统计学差异。

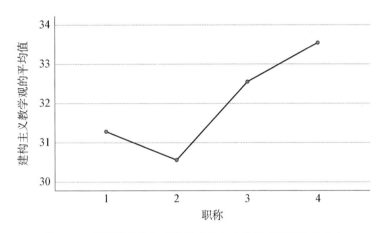

图5-8 不同职称的心理教师建构主义教学观因子均值分布

内部动机的数据表明,不同职称心理教师身份认同的内部动机因子存在差异,但二级教师的均值最低。不同职称教师内部动机水平均值从低到高排列为二级(M=18.44)<一级(M=19.92)<三级(含见习)(M=20.36)<高级及以上(M=20.95)(如图5-9)。二级教师的内部动机水平与一级存在统计学差异,与高级及以上教师存在极其显著性差异。

传统主义任务观的数据表明,不同职称心理教师身份认同的传统主义任务观因子整体随着职称序列的提升而上升且存在差异,三级(含见习)教师的均值最低。不同职称教师建构主义教学观水平均

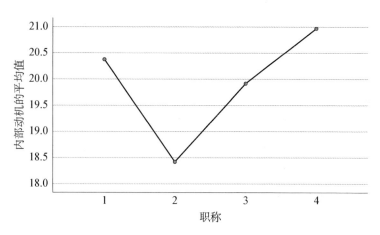

图 5-9　不同职称的心理教师内部动机因子均值分布

值从低到高排列为三级(含见习)(M＝11.73)＜二级(M＝11.88)＜高级及以上(M＝13.05)＜一级(M＝13.12)(如图 5-10)。二级教师的传统主义任务观与一级、高级及以上教师存在统计学差异。

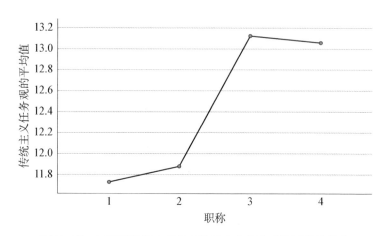

图 5-10　不同职称的心理教师传统主义任务观因子均值分布

专业承诺的数据表明,不同职称心理教师身份认同的专业承诺因子存在差异,一级教师的均值最低。不同职称教师专业承诺水平均值从低到高排列为一级(M＝10.93)＜三级(含见习)(M＝11.00)＜二级(M＝11.46)＜高级及以上(M＝13.31)(如图 5-11)。

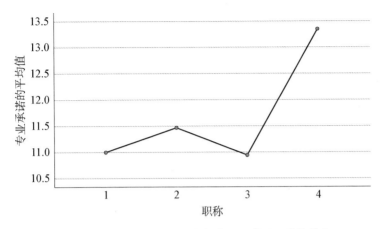

图 5-11　不同职称的心理教师专业承诺因子均值分布

二级教师的专业承诺水平与高级及以上教师存在统计学差异，一级教师的专业承诺水平与高级及以上教师存在极其显著性差异。

（7）专兼职心理教师身份认同水平方差分析

对专兼职心理教师的身份认同水平进行方差分析，结果表明专职心理教师、兼任学校其他工作的心理教师、兼任学校中层及以上管理岗位的心理教师在专业身份认同水平上不存在显著性差异（F=1.387，p=0.252＞0.05），（见表5-17）。

表 5-17　专兼职心理教师的身份认同水平方差分析

		平方和	自由度	均方	F	p
	组建	901.882	2	450.941	1.387	.252
身份认同	组内	66984.854	206	325.169		
	总计	67886.737	208			

* 表示 $p < 0.05$，** 表示 $p < 0.01$，*** 表示 $p < 0.001$

5. 心理教师身份认同的影响因素分析

对问卷内有关身份认同的影响因素题项进行信度检验，采用克朗巴哈系数（Cronbach's Alpha，即 α 系数）对本次心理教师问卷的影

响因素题项进行内部一致性信度分析,如下(见表5－18):

表5－18　心理教师专业身份认同的影响因素信度

	Alpha 系数	项数
总影响因素	0.823	19
人际关系	0.873	5
学校支持	0.839	3
工作自主性	0.932	3
工作难度	0.648	3
社会支持	0.600	2
未来展望	0.828	3

问卷整体数据表明,影响因素问卷的内在一致性信度均在0.8—0.9之间,是比较好的。分成六个子类,其中工作自主性的内在一致性信度超过0.9,是很好的,人际关系、学校支持、未来展望的内在一致性信度在0.8—0.9之间,也是比较好的;工作难度、社会支持的内在一致性信度在0.6—0.8,是可以接受的范围。

(1)心理教师身份认同总分与影响因素的相关分析

心理教师身份认同与人际关系、学校支持、工作自主性、工作难度、社会支持、未来展望六个因素进行相关分析,结果(见表5－19)表明均存在极其显著相关。

表5－19　心理教师身份认同与影响因素的相关分析

身份认同	人际关系	学校支持	工作自主性	工作难度	社会支持	未来展望
r	.508**	.353**	.220**	−.302**	.353**	.385**
p	.000	.000	.001	.000	.000	.000

* 在0.05水平(双侧)上显著相关,** 在0.01水平(双侧)上显著相关。

(2)心理教师身份认同自我效能因子与影响因素的相关分析

心理教师身份认同自我效能因子与人际关系、学校支持、工作自主性、工作难度、社会支持、未来展望六个因素进行相关分析，结果（见表5-20）表明与人际关系、学校支持、工作难度、社会支持、未来展望五个因素存在极其显著相关，但与工作自主性不存在相关。

表5-20 心理教师身份认同自我效能因子与影响因素的相关分析

自我效能	人际关系	学校支持	工作自主性	工作难度	社会支持	未来展望
r	.433**	.195**	.118	−.258**	.295**	.309**
p	.000	.005	.090	.000	.000	.000

* 在 0.05 水平（双侧）上显著相关，** 在 0.01 水平（双侧）上显著相关。

（3）心理教师身份认同建构主义学习观因子与影响因素的相关分析

心理教师身份认同建构主义学习观因子与人际关系、学校支持、工作自主性、工作难度、社会支持、未来展望六个因素进行相关分析，结果（见表5-21）表明与人际关系、学校支持、社会支持、未来展望四个因素存在极其显著相关，与工作自主性、工作难度存在显著相关。

表5-21 心理教师身份认同建构主义学习观因子与影响因素的相关分析

建构主义学习观	人际关系	学校支持	工作自主性	工作难度	社会支持	未来展望
r	.401**	.285**	.158*	−.138*	.247**	.218**
p	.000	.000	.022	.047	.000	.002

* 在 0.05 水平（双侧）上显著相关，** 在 0.01 水平（双侧）上显著相关。

（4）心理教师身份认同建构主义教学观因子与影响因素的相关分析

心理教师身份认同建构主义教学观因子与人际关系、学校支持、工作自主性、工作难度、社会支持、未来展望六个因素进行相关分析，结果（见表5-22）表明与人际关系、学校支持、社会支持、未来展望四个因素存在极其显著相关，与工作难度存在显著相关，与工作自主性不存在相关。

表 5-22　心理教师身份认同建构主义教学观因子与影响因素的相关分析

建构主义教学观	人际关系	学校支持	工作自主性	工作难度	社会支持	未来展望
r	.399**	.237**	.070	−.137*	.210**	.229**
p	.000	.001	.316	.049	.002	.001

* 在 0.05 水平（双侧）上显著相关，** 在 0.01 水平（双侧）上显著相关。

（5）心理教师身份认同内部动机因子与影响因素的相关分析

心理教师身份认同内部动机因子与人际关系、学校支持、工作自主性、工作难度、社会支持、未来展望六个因素进行相关分析，结果（见表 5-23）表明与人际关系、学校支持、社会支持、未来展望四个因素存在极其显著相关，与工作难度存在显著相关，与工作自主性不存在相关。

表 5-23　心理教师身份认同内部动机因子与影响因素的相关分析

内部动机	人际关系	学校支持	工作自主性	工作难度	社会支持	未来展望
r	.363**	.231**	.087	−.171*	.201**	.324**
p	.000	.001	.210	.013	.003	.000

* 在 0.05 水平（双侧）上显著相关，** 在 0.01 水平（双侧）上显著相关。

（6）心理教师身份认同外部动机因子与影响因素的相关分析

心理教师身份认同外部动机因子与人际关系、学校支持、工作自主性、工作难度、社会支持、未来展望六个因素进行相关分析，结果（见表 5-24）表明与学校支持、工作自主性、社会支持三个因素存在极其显著相关，与工作难度存在显著相关，与人际关系、未来展望不存在相关。

表 5‑24　心理教师身份认同外部动机因子与影响因素的相关分析

外部动机	人际关系	学校支持	工作自主性	工作难度	社会支持	未来展望
r	.132	.240**	.195**	−.176*	.194**	.125
p	.056	.000	.005	.011	.005	.071

* 在 0.05 水平(双侧)上显著相关,** 在 0.01 水平(双侧)上显著相关。

（7）心理教师身份认同传统主义任务观因子与影响因素的相关分析

心理教师身份认同传统主义任务观因子与人际关系、学校支持、工作自主性、工作难度、社会支持、未来展望六个因素进行相关分析,结果(见表 5‑25)表明与人际关系、学校支持、社会支持、未来展望四个因素存在显著相关,与工作自主性、工作难度存不存在相关。

表 5‑25　心理教师身份认同传统主义任务观因子与影响因素的相关分析

传统主义任务观	人际关系	学校支持	工作自主性	工作难度	社会支持	未来展望
r	.175*	.140*	.088	.019	.159*	.139*
p	.011	.044	.206	.784	.021	.044

* 在 0.05 水平(双侧)上显著相关,** 在 0.01 水平(双侧)上显著相关。

（8）心理教师身份认同专业承诺因子与影响因素的相关分析

心理教师身份认同专业承诺因子与人际关系、学校支持、工作自主性、工作难度、社会支持、未来展望六个因素进行相关分析,结果(见表 5‑26)表明均存在极其显著相关。

表 5‑26　心理教师身份认同专业承诺因子与影响因素的相关分析

专业承诺	人际关系	学校支持	工作自主性	工作难度	社会支持	未来展望
r	.305**	.291**	.278**	−.374**	.219**	.320**
p	.000	.000	.000	.000	.001	.000

* 在 0.05 水平(双侧)上显著相关,** 在 0.01 水平(双侧)上显著相关。

三、讨论

1. 心理教师身份认同的总体特征

学校心理教师整体的身份认同极其显著的低于同地区的普通教师群体,其中两个因子(外部激励动机、传统主义任务观)显著低于普通教师群体,另四个因子(自我效能感、建构主义学习观、内部动机和专业承诺)略低于教师群体。但是,唯一特别的是心理教师的建构主义教学观是略高于教师群体的,这也是唯一的一项。因此,心理教师们显然存在着身份认同的困境,内心对于自身专业角色的思考究竟存在着怎样的困惑,有待进一步访谈研究加以了解。

心理教师身份认同存在工作动机低的问题。工作动机量表中包含内部动机和外部激励动机两大类型,是促使个体将精力、时间与资源持续投入工作的驱动力。其中外部激励动机极其显著低于普通教师群体,而内部动机也低于普通教师。外在动机与心理教师的社会意识、工作保障和薪水收入等因素有关,显然心理教师不认同专业身份的相关保障、收入和社会意识等。而内部动机包括个人满意度和工作乐趣,显然心理教师在工作中的满意度并不高,工作乐趣也被工作压力束缚。工作动机作为影响教师职业选择的重要因素,为何心理教师在任职过程中会那么低,这需要进一步研究了解。

心理教师工作任务观存在很大的差异。传统主义任务观显著低于普通教师群体,建构主义学习观略低,但建构主义教学观却是所有子量表中唯一高于普通教师的因子。任务导向观是一名教师对教育目标、师生关系、教学方法与过程等方面所追求工作任务的态度观念,包含着教师对自身工作和所要进行的关键任务的态度,以及关于教育目的和教学方法的根深蒂固的教师信念。传统主义任务观则是心理教师对自己应该做什么的工作任务导向中的一个类型,即以教师为中心、专注于教学内容的传统主义的教学任务观念的教师信念,显然心理教师是不认同这一观念的。结合心理教师仅有的一项高于普通教师的因子建构主义教学观,可以看到心理教师更为注重以学生为中心、专注于过程的建构主义教学,更强调以学生为主体,注重积极参与教育教学的过程和知识的自主构建,这不仅与心理教师所接受的心理学专业知识学习紧密联系,也与心理教师所秉持的"助人自助"的学生发展观相吻合。但,心理教师建构主义学习观也略低,表明心理教师对于教师这一专业身份是有助于帮助与推动学生学习也有着自己的思考,强调教师对于学生发展的重要性。显然,相当一部分心理教师同时拥有学生中心和教师中心的观念。

心理教师自我效能感与专业承诺不足。自我效能感是心理教师对自身能够成功完成专业工作任务的能力的信念,是指向未来的关于能力感知的自我评估,会受到已有经验、间接经验、环境言语说服和情绪反馈等诸多因素的影响。鉴于承载着提升学生心理健康素养的心理课本身是副课中的副课,心理健康教育工作又存在着成效隐性、评价困难等问题,但心理工作却与学生健康成长、心理危机等重要因素紧密关联,这些都会对心理教师工作的自我效能感产生影响。同时教师自我效能感又会影响他们的专业承诺,专业承诺是指教师个体与自身工作之间的一种心理联系,包含着对专业身份的心理归属感、为工作努力的价值感和义务感等。心理教师对于自身专业身份的归属感、工作价值感很可能是偏低的,这也有待于在后续的访谈研究中加以进一步探索。

2. 心理教师身份认同的差异分析

心理教师的身份认同存在着教龄、学历、职称的显著性差异。虽然小学、初中、高中不同学段的心理教师身份认同不存在差异,但不同教龄存在极其显著的差异,入职五年内的心理教师身份认同水平是最低的,进一步数据分析表明自我效能感、建构主义学习观、建构主义教学观、内部动机四个因子上存在极其显著性差异。五年内的心理教师对于自身是否能够较好地完成心理健康教育各项工作任务的能力信念是比较弱,对于如何开展以学生为中心的建构主义教与学的任务观是不确定的,内在动机对于自己为什么要来做心理教师也存在一定的困惑与矛盾。

硕士研究生及以上学历心理教师的身份认同水平显著低于本科学历，进一步分析表明自我效能感、内部动机和外部激励动机存在极其显著差异，硕士及以上学历的心理教师反而有更低的自我效能感、内部动机和外部激励动机。高学历心理学专业人士对于自己能否较好地完成学校心理健康教育工作任务的能力信念却更低，究竟是工作任务本身对于他们而言难度更大，还是他们对工作任务完成的自我要求更高，这个有待于进一步访谈研究。同时，高学历心理教师内在和外部的工作动机都更低，无论是内部的个人工作满意度与工作能获得的乐趣，抑或是社会意识、工资收入和工作本身的社会保障，都与本科学历的心理教师差异较大。

心理教师不同职称的身份认同水平存在着极其显著的差异，职称序列为二级的心理教师身份认同水平是最低的，随后心理教师身份认同会随着职称水平的提升而提升。进一步数据分析表明，自我效能水平、建构主义教学观和内部动机是二级教师均值最低，建构主义学习观和传统主义任务观是三级（含见习）教师均值最低，而专业承诺一级教师均值最低。似乎高级职称教师能够在这些因子维度上获得更高的认同感，可以推测的是具有高级职称的心理教师在不断应对身份认同困境的过程中已经能够更好地应对、突破，乃至跨越。

3. 心理教师身份认同的影响因素

心理教师身份认同与人际关系、学校支持、工作自主性、工作难度、社会支持、未来展望六个因素进行相关分析，数据表明均存在极其显著相关。

量表中，人际关系是指教师人际交往过程中形成的互动状态、心理距离、情感体验等，这里包括教师与同事、学生、家长的心理关系。学校支持是指学校能够提供的沟通、帮助与助力等心理教师能够感知到的来自工作环境中的支持。工作自主性是个体在完成工作任务的过程中能有多大程度的对工作进行决策等独立自主权的感知。工作难度是指心理教师对心理课程、心理辅导、其他工作等相关工作任务难易程度和复杂程度的感知。社会支持是指心理教师所需资源获取的便利程度和社会重视程度的感知。未来展望是指教师对自己未来的专业发展前景的期待程度。

数据表明,心理教师身份认同的建构主义学习观与专业承诺两个因子维度与六个因素均存在显著相关或极其显著相关;自我效能感、建构主义教学观与内部动机三个因子维度均与人际关系、学校支持、工作难度、社会支持、未来展望五个因素存在显著相关或极其显著相关,但与工作自主性不存在相关;外部动机因子与学校支持、工作自主性、社会支持、工作难度四个因素存在显著相关或极其显著相关,但与人际关系、未来展望不存在相关;传统主义任务观与人际关系、学校支持、社会支持、未来展望四个因素存在显著相关,与工作自主性、工作难度不存在相关。

在这里是教师身份认同相关因素的数据研究,究竟是如何影响有待在后续的访谈研究中进一步获取资料进行分析。

第六章

"我是谁"的认同困境与思考

对话自我理论视角下"我是谁"的认同,更多可以反映教师在自我的价值、意义和一些社会比较中的彷徨,而马斯洛需求层次理论(Maslow's Hierarchy of Needs)作为美国心理学家马斯洛(Maslow)1943 年在《心理学评论》杂志上发表的论文《人类动机理论》中提出的经典理论,在与访谈者的对话中很好地回应了教师们的身份认同的相关困境。

一、马斯洛的经典需求层次理论

马斯洛需求层次理论是美国心理学家亚伯拉罕·马斯洛 1943 年在其发表论文《人类动机理论》(*A Theory of Human Motivation*)中提出的一个心理学观点。

马斯洛基于已有对人类动机的研究进行阐述,强调了有机体的整体完整性是动机理论的重要基石,所有的机体状态都是有其动力因素的,应聚焦个体最终或基本目标,而不是片面或表面目标,这些只是达到目标的手段。马斯洛强调个体的一个行为通常不会仅仅拥有一个动机,许多基本需求可以同时被表达或者被满足。因此,我们不仅要考虑到生物体的整体性,还要考虑到那些孤立的、特定的、部分的或阶段的反应的可能性。同时,依然要强调,虽然个体的行为几乎总是有动机的,但它也几乎总是由生物学、文化和环境决定的。马斯洛研究发现人类的需求会以优势等级来排列,某一种需要的出现通常建立在另一种更优先的需要得到满足的基础上。于是,马斯洛以丰富的临床经验为基础,构建了一个积极的人类动机理论——需求层次理论。

1. 需求层次结构

马斯洛将人类个体的动机需求分为五大类,分别是生理需求、安全需求、爱与归属的需求、尊重需求和自我实现的需求。[①] 这五个层次的需求从具体到抽象,相互关联且存在于一个有优先级的等级层次关系中,遵循一种相对固定但非绝对的顺序,低层次的需求获得满足之后会带来更高层次需求的产生。"满足"在这里成为一个和"剥夺"一样的重要概念,它使有机体从相对更为生理的需求的支配中解放出来,从而促成了其他更具有社会性的目标出现。每一个当前需求下的支配性目标不仅仅是一个人当前世界观和哲学的重要决定因素,而且也是其未来哲学的重要决定因素。[②] 而类似感知能力、智力能力、学习能力等认知能力被视为是一种调节工具,不仅仅有其自身的功能,还具有满足人类基本需求的功能。

第一层次,"生理"需求(The 'physiological' needs)。这是作为动机最原初的出发点,是通常我们所说的生理驱动力。生理需求是所有需求中最基础最重要的,尤其是对于那些生活在极度缺乏生活必需品的人来说,很可能对食物的渴望比其他任何东西都强烈。

第二层次,安全需要(The safety needs)。当一个人生理需求得到了比较好的满足,就会出现对安全的需要。这种需要会促使人作为一个有机整体形成一种寻求安全的机制,组织支配所有行为来寻求安全。当社会环境是和平的、顺利的、"良好"的时候,人们才能有充足的安全感。在马斯洛看来这种安全需要不仅仅是个人化的,人

---

① Maslow, A. H.. A theory of human motivation [J]. *Psychological Review*, 1943, 50 (4):370-396.

② Maslow, A. H.. A theory of human motivation [J]. *Psychological Review*, 1943, 50 (4):370-396.

类一直试图在世界上寻求更为广泛的安全与稳定,一直以来人们都更偏爱那些熟悉、已知的事物,更抗拒那些陌生、未知的事物,正如某些宗教或是世界哲学把宇宙和宇宙中的人类解释成某种令人满意的连贯的、有意义的整体那样,这种倾向在一定程度上也是出于寻求安全的动机。

第三层次,爱与归属的需要(The love and belonging needs)。当一个人生理需求和安全需求都得到了很好的满足,那么就会产生爱、情感和归属需要。人们会渴望与他人建立亲密的关系,渴望在群体中占有一席之地,并且会以极大的努力来实现这一目标。马斯洛强调这里的爱的需要同时包括了给予他人爱和接受被爱两种,并且发现在许多适应不良和更严重的精神病理病例中,这些需求的挫败是最常见的核心缘由。

第四层次,尊重的需要(The esteem needs)。一个人有对被尊敬和欣赏、钦佩的需要,这是基于一种稳定的、有坚实基础的、对自己比较高的评价,这种尊重可以是源于自我,也可以来自他人。马斯洛提出了两类尊重需求的附属需求,一类是自我渴望拥有力量、取得成就、能够独立自由、能够有信心直面世界;第二类是对名誉与声望的渴望,也就是渴望自己能够被他人认可、关注、重视和欣赏。一个人一旦自尊需求获得满足会带来价值感、力量感、能力感和与世界充分的联结感,反之,自尊需求的挫败则会带来自卑感、软弱感和无助感。

第五层次,自我实现的需要(The need for self-actualization)。即使人们满足了以上四种需要,依然会有新的不安与渴望,是对能够成为一个什么样的人的渴望,这就是自我实现的需要。这是一种对一个人越来越想要探索自己的潜能、成为自己能够成为的那种人的倾向。马斯洛认为自我实现需求的明确出现是需要建立在前四种基本需求已经获得优先满足的基础之上,但不同身份角色的人对自我实现的内容是不同的,除非这个人正在做他适合做的事情,不然他(她)会越来越渴望成为自己能够成为的一切。

2. 需求层次理论的特点

五个层次的需求具有几项特征。首先,需求是存在部分满足的,事实上社会中大多数正常人的基本需求都得到了部分满足,每个需求的满意度百分比会随着优势等级的上升而下降,而并非完全的百分之一百。马斯洛举了一个例子,一位正常社会环境中的普通人,可能有 85% 的生理需求得到满足、70% 的安全需求得到满足、50% 爱与归属的需求得到满足,40% 的自尊需求得到满足,10% 的自我实现需求得到满足。更高层次的需求并不是突然出现的,而是在之前的需求获得一定程度的满足之后,缓慢逐步地出现。其次,需求很大程度上是偏向无意识的,只有通过一定方法才能变得有意识。然后,对基本需求的分类受到文化的影响,一些表面看起来存在差异的不同文化背后却很可能存在一定程度的相似性,这些基本需求更为基本、普遍,更接近人类共同特征,在某种程度上反映出了多样性文化背后存在着的统一性。再者,一旦某个层次需求获得满足,就不再成为动机激励的因素,就不再对行为起到积极的决定作用或者组织作用。

3. 需求层次理论的扩展

马斯洛随后在其后续的研究中将五个层次扩大为七个,在尊重需求和自我实现的需求之间增加了认知和审美的需求,随后在其晚年又在自我实现的需求之上加入了超越的需求,增至八个。

认知的需求(Cognitive needs)是人们学习、探索、发现和创造以更好地理解周围世界的自然需求。马斯洛认为人类需要提高认知能力,有着追求知识这种自我实现和学习的成长需求,如果得不到满足,就会导致困惑和身份危机。

审美需求(Aesthetic needs)是人们对美丽的意象或新的、令人愉悦的东西来继续走向自我实现的需求。人们需要通过仔细观察环境中的美,在与大自然的相处和发现美的过程中提升自己。这是一种更高层次的需求,是以一种美好的方式与环境联系起来,并带来与自然一切美好事物保持亲密联系的美好感受。

自我超越的需求(Self-transcendence needs)是马斯洛于其生命

最后阶段增加的,这是一种精神需求。① 这种自我的超越需求是指人们意识的最高和最具包容性或整体水平下的对自己、对重要他人、对其他物种、对自然和对宇宙的行为与联系。这种对自我的超越是作为目的而不是手段,超越了自我的人会感受到一种愉悦乃至幸福的"高峰体验"。但由于第八个自我超越的需要提出后几个月马斯洛就过世了,很可惜未能更好地深入论证第八个需求。

本章研究依然以马斯洛需求理论的五层次经典结构为主要分析理论,已有学者运用马斯洛需求层次理论对特岗教师(张琼,2022)②、农村小学全科教师(谭婷,2021)③、初中英语新手教师(董玲玲,2018)④、男性幼教老师(刘学金,2017)⑤等进行教师身份认同的研究。本章接下来以马斯洛人本主义心理学的动机分类结合对话自我理论的访谈分析,探寻心理教师身份认同的内在需求。

二、关于"爱和归属的需求"的身份认同

作为和平年代的基础教育的学校心理教师,老师们关于生理和安全的需求已经基本获得满足,但关于第三层次爱与归属的需要却已成了身份认同困境之一。学校心理教师渴望在群体中占有一席之地。

1. 我是一个"尴尬"的"自由人"(G-GZ-2)

学校心理教师在一所学校依照学生人数通常只设置1位,有多位心理教师的学校是比较少的,即使有好几位心理教师,和学校中其他学科教师人数相比也是十分稀少的。同时,由于心理健康教育课的定位关系,这门课程通常是不设置常规的考试或是考核,目前也没有

---

① Maslow A H. The Farther Reaches of Human Nature. Viking Press, 1971.

② 张琼. 特岗教师的流动倾向及影响因素分析[D]. 华东师范大学,2022.

③ 谭婷. 农村小学全科教师身份认同个案研究[D]. 西南大学,2021.

④ 董玲玲. 初中英语新手教师身份认同现状及影响因素研究[D]. 石河子大学,2018.

⑤ 刘学金. 迷失与回归:男幼师职业身份认同研究[D]. 西北师范大学,2017.

相关的课程标准和学科核心素养,这一直以来是心理教师自我归属感存在困惑的主要原因。

困境描述:"学校心理教师一直是挺尴尬的一个状态。最基本的,我们的备课组、教研组的归类,每个学校都是不一样的。……心理老师在各个学校的状态,我感觉就是单人单案,大家的差异都非常大,几乎每个人都不一样。……我目前是单独的,也没有成组,因为我就一个人嘛,心理老师就一个。学校也不知道把我归到哪里,我就是一个自由人。"

I-立场之自身立场。"我个人是觉得也没有什么不好,的确是和其他学科有差别的。"教师个人对于这一身份情况已经较为接受,但当国家实施双新(新课程、新教材)教育改革,全市范围内开展教师培训时感受到自身的边缘化。"什么'双新'培训啊,学科核心素养啊,我们心理老师是学校里唯一的,没有任何的培训。我们是唯一的,其他人都有,所有的! 体育也有,艺术也有,劳技也有……我们是唯一的,什么都没有。"在这里,显然心理教师对自己的处境感到困惑。

I-立场之他者立场。"到目前为止,我们也没有真正成为一个学科,我们普遍在学校的归类呢,就是一个德育工作者,归在德育这一路。"心理教师从学校管理条线的视角理解自己的身份。"但是呢,我们在学校里又是个老师。老师呢,应该是以教学或者课堂是我们的主阵地……但是呢,我们心理老师这个特殊的尴尬的学科或者是课堂的这种,包括心理课的一些框架和有关各种,到现在为止没有一个统一的可以参照的东西。……所有的都非常的校本化。"心理教师从学校和社会评价教师的他者视角再次对心理教师作为一名教师所应该遵循的规范的不足与缺失进行了思考。

I-立场之自身立场。"我们是一个特殊的类别,……是一个特殊的老师的类别。绝大部分呢,大家都是单打独斗的,就是学校里独自在奋斗。"在这里,受访教师再一次强调了心理教师与其他学科教师相比较的孤独感。"心理老师更多时候,应该是一个教师……但是作为教师的这个身份,我们一直都没有得到很好的管理,或是指导。上面的行政部门也好,指导部门也好,都没有给我们一个可以参照的东西。"在这里,受访教师再一次认同了其教师的身份,但又提出了不被关注与指导的尴尬处境。

面对这样的困境,受访心理教师的应对方式是经过自我调节的努力适应。"我经过了长时间的,自我说服也好,或者适应也好,就适应这样的一个状态。"教师回顾了自己职业发展的前阶段遇到的类似的事情。"刚开始在职初期,和年轻一点的时候,很多事情,就挺……比如排课,暑假会担心下学期排不排心理课、排几节、怎么排、会和什么课拼,会有不同的变化。这是个不稳定的因素,你的课程能不能得到保证。"受访教师表达自己情绪上的感受。"这是一个担忧的,……年轻的时候有段时间,真的很烦……别的学科没有这个问题,对吧!……感觉挺无助的。"

目前,教师正在努力通过站在更高位审视心理教师的工作,类似元立场的视角帮助自己应对并突破这一身份认同的危机,话语中的立场视角运用了"你"作为对象来描述。"后来呢,我是觉得,你摆正了作为一个心理老师的……怎么说呢,的确这是边缘学科,你要说它特别重要也是不太现实的一件事情(笑)……这是学校工作的极小的一个部分,教导处是学校的重头,我们只是一个托底部门。……你想通了这样一个状态,这就是你工作的一个位置。就是这样对吧!"同时,受访教师再次站在高位来寻找与其他工作相通的部分来理解自己的身份。"任何工作,可能大家都这样吧,每个人都有一个工作的位置。"在元立场视角的调节下,教师在学校整体的格局中定位了自己的位置,对自身身份有了一定程度的认同。

2. 我究竟是"教师"还是"咨询师"(Y-GZ-2)

学校心理教师需要负责学生心理辅导工作,在大学学习期间和在职培训进修中有着相当一部分学习内容是属于心理辅导和心理咨询范畴的。在国外是有专门的学校心理咨询师的职位的,但在我国目前就是心理教师来承担心理辅导与咨询的工作。受访教师作为一位工作 5 年的年轻心理学硕士,在工作之初至今,都有着一个对于自身究竟是心理教师还是心理咨询师的困惑。

困境描述:"作为心理老师,你的身份里面你有一个教师的身份在那里,又有一个心理咨询师的身份在那里,……工作有上课的时候,还有做心理咨询的时候,是有差异的……其中就很难起到一个平衡。"同时,心理教师的专业知识也让我们明白,"其实心理咨询领域,心理咨询师和心理医生之间也是有一些领域上的不同,那这些不同,都会造成身份认同上的分歧,或者是说矛盾的感觉。"这个身份认同的困境带给受访教师的感受是充满矛盾的。

在这一困境中,心理老师是首先转换到"自我中他者"的学生他者视角表达对自我身份的期待,虽然是学生他者的视角,但当教师认同到这一些期待之后其实已经属于自己内在认同与接纳的一个重要立场,基于这一立场表达对自我身份认同的要求与期待。同时,教师还会在不同的学生他者视角上进行移动,更有着因为学生对这个身份期待不同而带来评价褒贬不一的担忧。

I-立场之学生他者立场。"你会感觉到他们其实对你的认同是有区分的,有些学生就会觉得,你就是老师,你就是一个类似于德育老师一样的教思想品德的这种老师,你可能会给我们灌输一些东西。"教师在对话中呈现的可能只是一部分学生他者的立场,但教师已经十分自然地接纳为自己的立场,这是对自己应该归属为哪一类教师身份的思考。

I-立场之学生他者立场。"有些学生会觉得,你是以一个心理咨询师的身份来给我上课的,那可能我对你心理咨询的期待会比较多一点,或者会觉得我可以跟你诉说我心里的所有的烦闷。"这是另一类学生他者的立场,这里同样包含着教师认为学生他者对自己的期待。

I-立场之学生他者立场。"如果,一旦你的立场和学生的父母或者其他老师有接近倾向的时候,学生就会觉得可能跟原本期待不大一样,可能就会觉得不舒服,会有点失望。"心理教师在这里会用"你"

可以发现这是从他者立场来进行思考的。这里心理教师强调了"失望"的这个情绪，这也是会让教师在意的一种情感类型，因此教师会再次用"我"来强调学生的反馈的重要性。"这些都会动摇到我对自己的身份认同那个部分，……会时常在问，我到底应该怎么做？我到底应该是一个什么样的状态？"

I-立场之自身立场。"这对心理老师的要求可能蛮高的，一方面要去理解别人对自己的认同的部分、对自己期待的那个部分，然后还要理清楚自己能否满足对方的这个期待，这个就会挺矛盾的。"这里是教师自我表达对身份认同困境的内在感受，是心理教师自我立场的表达。

面对这个困境，心理教师首先是去和同期的年轻心理教师交流。"当我感到困惑时，就和大家去聊这个情况。"当年轻的教师去和同期入职的心理教师分享自己的困惑时，"……发现大家可能都在这个位置上，觉得很矛盾，很不知所措，……我会感觉到自己的困境处境被体谅了。"然后有了新的I-立场的对话。"这种苦恼被分享的感觉，觉得好像不止我一个人，可能我做得也不一定是错的，就可能也有人跟我这样子，我们都有自己的考虑。"这个第三立场的思考帮助心理教师缓解了困境中的压力感受，进行了有效的调节。

随后，心理教师通过看书学习来应对。"我觉得看书学习蛮重要的，书里面就是会有一些已经解决这些问题的前辈或是有经验的咨询老师、学校的老师，他们会把自己解决问题这些路径，包括自己当时的立场和困惑，表达出来写在书里面。"这些表达成为心理教师新的应对困境时新立场的内容。"这个会给我一些思考。……目前为止，我是一个相对平衡的状态，相对还好。"受访教师已经有一定程度的应对，这是教师当前的自我判断，依然有着未来担忧的情绪。"但是我也不确定如果之后的问题更尖锐，我能不能应付！"

三、关于"尊重需求"的身份认同

本着热爱学生,希望能够用自己的专业知识所学帮助学生健康成长的老师们来到学校努力工作,自然有着被尊重的需要,渴望被尊重和被欣赏,希望自己获得比较好的评价。

1. "隐形"的工作量何时能被"看见"?(G-CZ-1)

学校心理教师有很多工作是无法量化的,很可能在心理辅导室忙了好几个小时也没有人知道,心理工作中的教师付出常常是很隐蔽的,很难被很多人真正"看见",甚至还会有不明就里的老师觉得心理工作是很轻松的,学校可能还会安排很多其他工作,这会让很多心理教师感到压力很大。

困境描述:"存在一种情况就是我没有办法只做心理老师。学校一开始会安排做教研组长,做中层啊,做教科研主管……因为给心理老师的课时不会很多,顶多开一个年级或两个年级,那么个人的工作量可能不满,学校就会安排其他学科的课,比如说地理课呀、历史课呀、道法课呀,我都上过。……虽然时间不会很长,不会一直上,总是会在某一年因为课时安排的情况就会出现。"受访教师被安排了很多工作,主要原因就是心理辅导这一块的工作无法得到认同。

I-立场之学校他者立场。"其实,心理老师的课时量可能不会安排很多,因为授课本身年级的限制,对吧。"受访心理教师在面对这样的困境时首先是站在学校立场来思考心理课程的课时问题的,作为学校的一个成员,从学校他者立场来思考某位教师的课时量其实已经纳入了她的自我。

I-立场之自身立场。"实际上,对心理老师的课时节数本身是有限制的,因为要接待学生的个案啊,包括家长。学校其他所有的心理活动都要由心理老师来主持,甚至是你全部要去参与的,实际上这个工作量是很隐形的。"心理教师的工作因为不仅仅在于授课,还有心理辅导室的相关工作,这个部分的工作是难以显性呈现工作量的。

I-立场之同事他者立场。"……这个工作量，因为学校只有一个心理老师，我个人觉得，你没有办法寻找有共鸣的一些老师给你支持，能够得到他的认可。"受访教师无法向周围同事更显著的呈现自己的工作内容，也就无法得到周围其他老师认可。心理教师在学校人数太少，如果得不到周围同事的认可，处境是很困难的。

I-立场之领导他者立场。"领导可能也会看到你部分工作，但是没有办法了解你全部的工作量，所以他就会觉得从课时量上来说，你只有六节或八节，可能太少了，那就会再给你安排。"受访教师以领导他者的立场来思考，在这里教师用"你"来表述充分体现了这个是他者立场，教师也能够毫无难度地移动到领导他者立场来思考。"比如说我们是满 14 节课时，其实我这个课从系数来说是 14 节课才满课时，那就安排其他的一些工作。"这里有对学校工作安排的现实思考的部分，受访心理教师是十分理解学校领导的一些思考的，也会感到很难得到领导的肯定。

I-立场之自身立场，教师回到自身立场的表达。"……义愤填膺的感觉啊，我的工作量。首先，自己会觉得心理老师的价值是很大的，就很重要。但是，我们自己认为的这个重要性是没有办法得到领导和单位里其他学科老师认同的，因为他们没有直接参与，我是觉得他们很难真正切身理解我们的这个工作量。"在这里，受访教师用"义愤填膺"表达着自己对于工作量背后未能被认可工作价值的心情，可以感受到教师对于自己工作本身的认同与来自单位领导和同事的认可之间存在着如此之大的差距。

I-立场之自身立场，心理教师对自己的心理辅导工作的描述。"我中午谈一个学生，比如说谈 40 分钟也好，50 分钟也好，一个小时也好，后面我要整理个案，可能还要后续跟班主任沟通，找他的家长沟通，实际上这个工作量很大的。……其实很多老师中午时间是在休息的，在操场上溜达放松的，可以稍微睡一会儿，对吧。……但是我们要悄悄地工作的。"可以看到心理教师对学生个案相关的工作有相当大的付出，受访教师在这里对比了其他教师，自己中午休息时间是用来工作这一现状既辛苦又无法显性地被"看见"。

I-立场之学生他者立场,心理教师的心理辅导是服务学生的。"你心理辅导相对来说,是在一个比较隐蔽的地方,学生接受了心理辅导,他也不会跟你去宣传,说老师帮助了我多少啊之类。……很多工作是相当隐形的。"由于心理辅导工作的特殊性,无法让更多人单位同事和领导了解,受访教师的无奈在于即使做了很多有价值的工作,依然无法被看见,隐形工作量的背后是心理教师工作价值的隐形。

I-立场之领导他者立场。"我们之前有一位中层领导说过一句话,说心理老师的这个工作量,我们真的是没有办法体会的,因为很多的工作他没有办法做宣传,没有办法量化。"受访教师因为校领导的认可而感受到被认同,也记在心里了。

I-立场之同事他者立场。"这些工作,你也没有办法去让很多老师知道你在做这件事情,这些工作量是很难量化的。"心理教师希望有同事了解到自己工作的价值,但很难实现。

I-立场之自身立场,心理教师在学校学生、领导、同事的立场上进行了对话之后再次回归到了自身的立场。"所以,我觉得真的做心理老师是需要一定的情怀,才能坚持下来。当然首先对自己的身份要非常认同啊,对吧,否则的话,真的,我觉得也挺难坚持的。"受访教师用"情怀"来激励自己坚持这份工作,已经是超越已有的困境,有了更进一步的调节与应对。

I-立场之同事他者立场,心理教师再一次从学校同事立场对自己的工作进行了审视,"因为最起码自己校内的老师,只有你自己知道你做了多少。其他人没有办法,真正了解。"受访教师也对于这个情况有了一定程度的接纳。

面对这个困境状态,心理教师首先已经从自身的角度现状表示了对现状的接纳,坦然表达了自己的态度。"其实自己还是做了一定的牺牲。首先,你要完全做一个专职的心理老师是必然要承担你的收入的锐减,这是没办法的。哪怕你拿到班主任同等的工作量,同等的这个津贴,对吧……即使我现在也没有拿到。"

同时,受访教师感受到了来自学校领导的认同与支持,"心理的工作也是一个没有止境的工作,难免有些工作中还是会有一些疏漏的地方,做得不太好的地方,或者需要学校支持的地方。我们学校领导对这块工作还是很支持的,无论是对我个人还是对心理工作还是比较支持的。"很显然,学校领导的支持给予受访教师很大的认同感,直接有助于教师本人可以应对并突破工作量的困境,"我觉得就是一个相互支持的过程,既然领导能够一定程度上支持,对我来说已经是不错了。我觉得也没必要太较这个真了,因为我觉得工作还是开心最好。……真的跟领导一定要去较真,我好像也做不到,我觉得也没啥意思。……我跟领导之间能够有起码这种心理上的相互支持,大家能够一定程度上理解,那至于钱多钱少,我觉得也没必要太去苛求。"在这里,受访教师强调了工作的情感愉悦度,尤其是在得到领导支持与肯定后会产生积极的工作情绪,这是一种尊重需要获得的良性感受。

2. 你们"站着说话不腰疼"(Y-WZ-3)

心理教师时常要对有心理问题的学生进行心理辅导,但这不是立竿见影的工作,恰恰相反,倘若一个学生已经在学校爆发出明显的心理问题,那他的心理问题已经积累了相当一段时间了,冰冻三尺非一日之寒,解决这些心理问题也不是一蹴而就的事,但并不是每一位学校教师都能理解和接受。会有一些教师对心理教师的辅导工作存在质疑、轻视甚至不满,这会让心理教师感到十分无奈。

困境描述:"真的,那孩子改变起来太难了,非常难,一点点地变化。我们有老师,对,真的,我听过有老师……虽然,在我们学校大家还是比较尊重我的……但是,听过,不多啊,就是有那么一两位班主任在后面非常埋怨。他说心理老师也没有改变什么,后面也没有帮忙,还是我在忙……这个东西太慢,这个孩子一点儿什么变化也没有,……,有这种埋怨或者不满。……说我们心理老师,站着说话不腰疼。"心理教师常常要和班主任共同工作,面对有问题的学生,但心理问题的改善是需要一个过程的,如果班主任不理解,也就不会尊重心理教师。

I-立场之同事他者立场,心理教师能在班主任立场上思考并尝试理解他们的想法。"你说的那些他也做不到,他也没有办法,对吧。后面还是要班主任去做很多的事情,嗯,我听了我当时心里会有点不舒服。但是我也理解啊,确实是这样,就是无奈。"心理教师努力去理解班主任,但这种不被尊重的感受会让受访教师感受到情绪上的无奈。

I-立场之自身立场。"这个事情,怎么说呢,一方面自己就看不到变化,也是看不到改变……也是希望孩子变得也更好一点……另一方面,我也能理解他们的这种不满吧。"心理教师尝试分析自己的感受,来同理班主任们的感受,通过换位思考来理解班主任们的埋怨。

I-立场之学校他者立场。"就是也不多,我们学校相对来说,我觉得已经是那种,他们对我还是比较认可的状态。"受访心理教师从学校他者的立场对自己的工作认可状态进行了评估,可见老师是很关注学校里其他教师对自己的认可与尊重的状态。

I-立场之班主任他者立场,心理教师十分理解班主任。"因为,后续确实,像班主任知道后续孩子出现问题,他还是要跟家长去沟通。其实,有些家长已经带孩子去做咨询了,但是一周他最多做两次,一般都是一次嘛。……但是孩子的改变是很慢的,很慢的。"当心理教师在班主任他者立场来审视学生心理问题的辅导与咨询时,也情不自禁地对学生改变的速度缓慢表示担忧。但同时,也是看到了班主任们的问题所在,"对呀,就是这个耐心啊,我觉得是一个很大的问题吧!"

应对这样一种境遇,受访教师最大的感受是,"这个困惑,我觉得也不是我们能够去很好地解决的。"看似无奈的同时,心理教师却有着一些更高的期待。"有时候看到……我还蛮希望的……就看到一些开会,真的重视心理健康教育。都扔给学校是不现实的。如果比如像那个社区之类的,我们心理健康这一块能做得更好。对,比如说社区咨询、社工服务啊什么的都能跟上去的话……而不只是依靠学校。"这是一种类似第三立场的问题解决的思考,受访心理教师对整个社会共同参与提升学生心理健康教育问题有着更宽的思考，希望家—校—社能真正协作起来。

心理教师能够意识到这个希望是有难度的，但是依然有更高的期待。"目前的话我们很难做到这一点，他也是要慢慢建立的，我知道要慢慢建立的。……其实我们社区做得挺好的，但是如果社区心理支持这一块，包括社区的社工支持这一块再做一些事情，我觉得就能更好了。"

受访心理教师面对这个困惑虽然依然不能很好地解决，但已经有了自己的坚持。"这是我的一个困惑，但是，我不因此指责我自己。因为我知道，我也只能做好我自己这一部分。"

四、关于"自我实现的需求"的身份认同

每一位教师都会有着对自己能够成为一个什么样的教师的渴望与期待，这是教师作为专业人士自我实现的需要。教师同样会在专业发展的进程中探索自己的潜能，努力成为自己能够成为的那种人。但，心理教师对自我实现的内容有着学校教师共有的那些，但也同样会有着独有的部分。

1. 放弃了"收入"与"社会地位"的坚持（E-CZ-1）

基础教育公办学校的教师都属于事业单位编制，工资是统一由财政发放的。但每所学校在进行绩效分配时，还是会存在一定的学科差异，考试学科还有成绩的考核，因此主学科的教师无论是收入还是受重视程度上都会高于心理教师。受访教师在学科选择时放弃英语学科选择心理教师岗位就已经很不容易了。

困境描述："其实吧，我刚进来的时候，因为我之前是有学这个英语的师范生，所以从就业角度来讲，肯定是当一个英语老师会比当一个心理老师，可能在社会地位上，包括实在一点，这个收入上来说可能都会要好一些。应该说在读研之前，我一直都以为自己会成为一名英语老师。"受访教师在现实中对比了原本计划的英语教师身份与

心理教师身份在社会地位和收入上的差距,与自己原本对职业的预期也存在差距。"第一年进来的时候,其实我是有一些困惑的,因为跟我原来想象中的,即便是在读研时候去实习的时候的,那种感觉还是很不一样的,甚至是出入非常大的。"这是刚踏入工作第一年时,受访教师的身份体验与预想中和实习期的差异都有很大出入。

I-立场之自身立场,教师在自我对话中找寻到选择心理教师工作而放弃那些收入和社会地位优势的缘由。"我读了研究生之后,也去参加了精卫的一些见习,包括去学校的一些实习之后,我发现青少年的一个心理状态,尤其是疫情之后,应该说确实是很严重的。我觉得心理老师,尤其是学校心理老师吧,其实是非常有必要的一个存在。所以,我其实没有考虑太多社会功利层面上的。"在这里教师依然回顾思考了自己选择这份职业最初的原因,这是一份想要帮助青少年的初心。

I-立场之学校他者立场。"我觉得在一个学校吧,作为一名心理老师,在很大程度上可能是学校里面并不一定会想到你。"教师对可能有的工作困境在学校他者立场上进行了描述,也是认可了在学校中心理教师并不是最先被学校关注的学科教师。

I-立场之自身立场。"但是,我觉得它的存在会让自己很安心,以及我觉得能够真正给予学生青少年一些心理问题上的解答或者困惑,帮助他们更好地身心存在。这一点会让我自己还是非常有价值感和意义感的。"受访教师看到了自己的困境,更多的是关注自身可以实现的工作价值与意义。"慢慢的,在经历了一年多的见习之后,我觉得我还是非常自豪是一名心理老师。对,当然这条路可能会比较难走。"受访教师在工作一年多之后对于自己的心理教师身份十分认同,即使存在困难依然有坚持的意愿。

I-立场之同行他者立场,年轻的心理教师在职业道路上的坚守与坚持需要更多同行前辈的榜样力量作为一种引领,给予她工作的动力。"我也是听张老师,我们周围有很多前辈,像郭老师,包括周老师……其实,我之前一直听张老师会跟我们讲一些,包括像吕老师,他们这些应该算是比我们稍微年长一些，是他们……我觉得在这样的一条路上有这样一些前辈的带领，我会更有底气一些。"年轻的心理教师带着理想来到工作岗位，需要有优秀的同行前辈作为职业生涯中的重要他人，可以给他们激励与鼓舞。

面对入职初期的困惑，年轻的心理教师已经有了进步，"我觉得，嗯，有过一段曲折，确实是有迷茫，但是现在回过头来，我觉得还是比较坚定自己的选择。"虽然曾经有"迷茫"的感受，但经过一年多的工作，受访教师已经初步跨越了自己的入职初期困惑，并且对自己的选择更为坚定。

2. 我一个人代表了一个学科(E-GZ-2)

学校心理教师的人数相比较于其他学科是少之又少的，很多学校往往只有一位心理教师，这位心理教师承担起学校心理健康教育的所有工作，同时也成为了这个学科在一所学校唯一的代言人。

困境描述："我们和其他的学科不一样……不管你是主课还是副课，人家不会因为你这个人来看你整个学科……但是，我们心理老师不一样，就你这个人在学校的发展或别人怎么看你，非常影响你这个学科在别人眼里的样子。"在受访教师的感受中，自己在学校里都代表着整个心理健康教育学科。

I-立场之自身立场。"这就让我很小心谨慎，我会在各方面注意自己在学科方面的影响力。"受访教师会承受更大的压力感，将学科形象背负在身上的教师也会有更高的自我要求。"我可能会也会考虑很多，比如我不会单纯想去拒绝其他老师，这件事情我不做了。而是，我会想，我们怎么建立关系，然后让他信任我，然后可能整个学科就信任了，或者他对我的工作就会更加支持。所以，我一般是这样来工作的。"显然心理教师在工作中思虑非常多，因为要让学校的他人信任这个学科，支持心理工作，但这样做也会有很显然的副作用产生，"这样做确实是很累的事情，但是我又没想到一个更好的方法来做。……所以说，我现在处于瓶颈期，你说未来怎么走？哎，我也不是很确定。"但是，心理教师却认为这是个问题。"我还在想，我一直在想。"显然,未来要去哪儿是一个对她很重要的议题。

I-立场之教师他者立场,受访教师对于自己未来要去哪里在入职之初就思考过。"我其实在入职的时候就想过这个问题,有一些老师会说,我们这个前途在哪里,可能有些老师会考虑做管理层,然后怎么怎么样。"受访教师在入职初期就在思考自己的未来发展,当然这里的他者立场是通常的教师如何思考自己的未来发展。

I-立场之自身立场。"我入职的时候就想,我不要做什么领导,我就做个心理老师。我没有太大的追求,我觉得我就要把心理老师做好。"可见,教师在入职的时候就已经有了自己对这个专业身份的定位,对学校心理健康教育这个领域有着基于自己专业的思考与追求,"然后,我一直有一个还蛮大的一个旗帜的,中小学的心理辅导我觉得发展得不是很好,所以我想为这个做点事情。我就是这样想的!大学的可能发展还不错,但是心理辅导方面在中小学,有时候就是一块招牌,或者说来检查用的一个东西。这个不算做得很好啊,所以我想把它做深入一点。"

I-立场之自身立场,教师对自己这几年的工作成效也进行了积极的评价与认可。"现在,在我们学校,和这几年心理工作的普及也有关系,我就没有那么大的压力。最开始,我工作的时候,我真的觉得,大家真的不知道心理工作是什么。现在已经好很多了。"在这里教师对自己已有的工作成效进行了肯定,有着充分的自豪感。

面对这样一种一个人代表一个学科的压力困境,受访教师也有了一定的调整。"我要知道自己作为一个人的局限性。不会像以前把那么大一面旗帜背在身上,现在可能会想我可能是做不到的。那我就尽力做吧,我可以一点点做,一点点做。"这是一种接近第三立场的调节,受访教师对自己的工作背后所肩负的责任进行了思考和调整,"然后,这个人如果关系没处好也没关系,反正日久见人心吧。"然后对同事的工作互动也进行了一些调整。"也不用把什么事情都做得那么周全,……所以我觉得,自己确实一点点做。"但教师依然保有着这个信念,只是规划了小步子的工作节奏。

第七章

"我在做什么"的认同困境与探索

　　关于专业身份的认同,不仅回答着"我是谁",同时还会关注着"我在做什么",人类与生俱来的能动力会依据内心的期待进行着行动。作为学校心理教师的行动自然指向专业工作内容的部分,教师们不仅会思考着工作角色的内容边界,更会对自己工作进行评价,判断着自己工作的效能。

一、"角色丛"中的困惑与抉择

　　身份意味着在特定背景下的某种"人",虽然一个人可能有一个"核心身份",但当一个人在不同的环境中工作时,这个身份有多种形式。[①] 访谈中,教师会提到心理教师有着多重角色的困境。角色是一个社会学的基本概念,原意是舞台戏剧表演中演员扮演的人物角色,美国心理学家米德将这个术语引入社会心理学,意指人们在特定社会关系中的特定地位决定的社会所期望的行为模式。角色包含三种含义,一套特定的行为模式,群体生活和社会关系中特有的位置和身份,应达成的一套既有规定的有关权利和义务的行为规范与准则[②]。

---

① Beauchamp C, Thomas L. Understanding teacher identity: an overview of issues in the literature and implications for teacher education: Cambridge Journal of Education: Vol 39, No 2 [J]. Cambridge Journal of Education, 2009.

② 车文博主编.心理咨询大百科全书[M].杭州:浙江科学技术出版社,2001:187.

心理教师这一身份却包含着不同的角色,这些角色伴随着与家长、与学生、与班主任、与任课教师等不同的教师群体中的社会关系而产生,同时会随着社会关系的变化而发生变化,包含着与角色相一致的行为模式以及相应的社会期待。心理教师这个专业身份,不是看似单一的角色,而是由多个相关的角色构成。这一现象在社会学中用角色丛(role set)理论来描述的,指的是社会关系中人们因其处于某一特殊的社会地位而具有的多个角色关系的全部集合①。古德(Good)分析了一个人在身处不同类型角色之间存在需求冲突的情境中,又希望履行不同类型角色的义务时,会体验到矛盾的心理状态,这种感觉被称为"角色紧张(role-srains)"②。角色冲突产生的可能性以及教师个体体验到的角色冲突的强度,取决于社会期望的性质与个体角色扮演能力两方面的因素。当一位心理教师需要同时扮演好多个不同的角色时,困境就随之产生了。

1. 做问题的"解决者"还是问题解决的"推动者"(Y-GZ-2)

心理教师都是有着助人的情怀的,希望能够为学生答疑解惑、解决问题,带着满满的专业学习的书本知识和一些教育实习经验就来到了学校的岗位上,如何真正帮助学生,这是很多入职初期教师发展过程中的重要经历。

困境描述:"在职场初期,我很多时候是成了那个问题的解决者……太想负起责任,太想发挥自己的力量了。……有时候自己在进行案例反思的时候,就会矛盾,感觉自己想给的太多了。"心理教师在面对有问题的学生时是十分有动力帮助学生解决问题的,但是本着心理辅导与咨询"助人自助"的原则,依然需要以学生发展为主体,有策略有方法地进行,这是在工作中不断积累经验的过程,这个过程中教师有很多内在自我的困惑与彷徨。

I-立场之自身立场。"我内心很期待这个问题被解决,……我要

---

① 罗伯特·K.默顿.社会理论和社会结构2版[M].南京:译林出版社,2015:567.
② Goode W J. A Theory of Role Strain [J]. American Sociological Review, 1960,25(4): 483-496.

去主动介入，然后更多跟对方沟通，让他去解决。"教师是很希望更快帮助学生更好地解决问题的。"刚开始做老师的时候，想得最多的是，他要好，他要好起来，然后他要怎么好。"教师希望帮助学生的愿望是十分强烈的，这也是很多心理教师决定来这个岗位的原因。

I-立场之自身立场。"但，我不能把自己的方法强加给别人，反而会削弱他们的动力。……心理咨询不是一直说，要助人自助，我们要教会学生，而不是替他们做。"心理教师所接受的专业培训让他们意识到过度主动介入是不合适的。"但是会很难，因为还是觉得自己有很多方法可以给到学生。……就很矛盾。"受访教师对于如何帮助学生，还是有很多困惑的。

I-立场之学生他者立场。"学生来找你，他就会觉得老师应该是有办法的，我来找老师就是为了解决问题的。……他对你是有期待的，你能感受到学生的期待。……不忍心让他们失望地离开心理室。"教师在心理辅导的过程中能感受到来自学生他者立场的自我对话，也是一种对工作成效的评价。

I-立场之同事他者立场。"信任你的老师们会建议学生来找你，就是会和学生讲，问问心理老师有什么好的建议，一定会有办法的。……他们也是对你有期待的。……甚至于他们自己来询问你，也是来寻求方法的。……他们是不知道心理咨询是要求心理师助人自助的。"受访教师在同事他者立场上能清晰地感觉到他者对自己的工作期待，但又违背了心理辅导和咨询的工作原则。

I-立场之自身立场，心理教师再次提醒自己心理辅导的注意要点。"但是，每个人都有遇见矛盾或者困难的时候，如果他没有具备那个解决力量的话，不一定要急于去推他解决这个事情。……我们要坚持心理咨询的原则，虽然有时这很难。（笑）"在这里，由于学校教师的身份天然地要求老师应无私地帮助学生，但直接给出建议并不是好的培养学生提升心理健康素养的策略。

面对这个角色定位困境，心理教师经过入职初期的工作历练，已经跳出一个立场看到更多的立场，可以在不同的角色定位中找到心理辅导应该有的合适的工作方式。"现在看问题的角度不再是自己主观的角度了,更多的是先同理,从这个事情当事人的角度出发。"尝试更多地成为"推动者","当这个事情达到一个真正的推动点的时候,也是需要一段时间的,不能那么急着了"。这个接近第三立场的调节视角可以感受到教师自我定位的移动。

访谈中可以发现,经历了入职初期的心理教师不仅进行了更深的自我反思。"以前可能同理心还不够强,总觉得给别人的是别人想要的,其实可能是给错了,人家想要的是苹果,我给成梨子了。"同时,已经发展出了一个更上位的自我对话立场来帮助自己应对工作中的学生心理问题推动与解决。"就好像现在就是多了一层思考,目标是要解决这个事情,但要解决这个事情不代表说,就是忽视其他人的意愿和想法……不急了,慢慢等一等,当那个问题需要,并且可能可以推动的时候,再去推动它!在这之前做一些前期的努力。"在这个过程中,教师感受到了积极的情绪,"我其实觉得自己对这些工作的认同感还是蛮高的,我蛮喜欢现在的工作的。"

2. 有时候我觉得自己是一个"工具人"(E-CZ-1)

年轻的心理教师在踏上工作岗位的初期,是从一名学生转为一名学校教师的过程,在这个过程中由于会常常需要面对一些非心理教师岗位的工作,这让青年教师感到困惑,觉得自己被当成了"工具人"。

困境描述:"出了学校然后到工作岗位,其实一开始的时候并不了解这个工作的,以为我就只要上上课,然后课外给孩子们做做这个心理咨询,这可能就是学校心理老师工作的全部了。但是,后来就发现里面有非常多的、可以说是一些杂事儿,就是事务上的、行政上的事。甚至,有时候会被当成工具人,干一些根本跟自己本专业没有关系,或者说和这个学科没有任何意义的事。……搬个打印纸,或者说是你你赶紧去给人家拍几张照,就这种,然后临时会被通知要去做这些事情。……我其实还有很多别的事情要干。"

I-立场之学校他者立场,教师会从学校立场来思考自己会被作为工具人的原因之一。"可能从学校角度来讲，学习成绩是非常注重的。……小到心理学科，甚至大到一些德育上的工作，其实并没有说非常得到重视。"在这里，受访教师是认同了学校对于非主科的小学科的忽视。

I-立场之自身立场，教师感觉自己的专业未能够施展运用。"觉得好像自己学了这一些年的这个专业的内容，并没有很好地运用在我的工作当中，甚至有时候会本末倒置。嗯，会去做一些跟自己的心理专业无关的一些内容，没有学以致用。"在这里，受访教师更希望自己所学的专业知识可以在工作中得到应用，这才是自身的专业身份得到认同。

I-立场之自身立场，教师对于自己在入职初期的工作是希望有专业学习与提升的，"我还是会，以一个学生的视角去看待我的这份工作，特别希望我是能够教学相长。但是我在工作的第一年当中，就发现很多时候总是在输出。然后，其实在专业方面的成长是很少的，除非我自己会报一些，比如说青少年的心理咨询的网课，然后利用课外的时间去上。但是就是在学校当中，……从整一个大的范围来看，其实还是非常有限，可能资源也比较少。"在这里，受访教师期待的专业学习与进修感觉是不充分的，也阻碍了教师的成长。

I-立场之教研员他者立场，教师对于区教育学院教研员所组织的一些学习和培训还是相当认可的。"当然，我觉得其实张老师这边给到我们的，其实已经算是很多了，我觉得也是非常非常感激，就是他会给我们提供，比如说像督导呀，然后像一些课。"在这里，受访教师用"感激"来表达对学习项目组织者的感谢，能强烈感受到青年教师对学习机会的重视。

I-立场之自身立场，心理教师会因为自己没有得到专业上的进步感到困惑与迷茫。"所以，我比较困惑的，就是会觉得在这方面，我好像没有得到太多的进步。……嗯，所以那段时间是很迷茫。"教师在未能取得专业成长时会有情绪上的困惑和迷茫，这促使教师更多进行思考。

I-立场之同侪他者立场,心理教师在教研活动中与年龄相近的他校老师们组成同伴成长小组,共通的经历成为一种互相的安慰,"我们区里面的一些青年教师的成长小组,会有一些活动啊……大家有时候会一起分享,一起交流一下……就发现其实都不容易,就是这个时候你就会知道,其实也不是你一个人。……甚至,相比较之后你会发现,其实我还算不算是那么脱节的。心里会稍微得到安慰。"

应对这个困境,年轻的心理教师经过一段时间的努力已经能够进行自我的调节,会尽可能主动给自己寻找学习的机会。"既然学校这边没有提供很多给我学习的机会,那我就自己去网上去找一些,相当于就是抱团取暖嘛,是会找一些组织。"虽然依然有迷茫的感受,但已经有所缓解。"但其实您说嗯要迷茫吧,其实我觉得现在也有,就是,嗯,但是我觉得会比之前要好一点就是。做起来就还好了。"同时,在体验更多角色中积极探寻学习的契机,"经过了这一些之后,尤其是我现在自己做了班主任之后,我会觉得这些事情其实可能本身也是学校教学,或者说是我自己工作的一部分。所以呢,是挑战和机遇并存。"当教师自我有了"挑战与机遇并存"的对话时,这已经是一种元立场,帮助年轻教师更全面地审视自己的工作与发展。

心理教师对自己专业的热爱成为她应对困境的重要动力。"我觉得,只要自己热爱的东西或者说是自己真正感兴趣的东西,还是会有一点发光的。"虽然相关的困惑依然还在,但是面对学生的教师身份,以及能够帮助到学生的价值感,成为教师真正推动自身专业成长的动力。"其实我觉得现在也没有说完全。就这个困惑就消散了,其实还是会有。……我觉得是看到了学生们,确实是有很多心理方面的需求,……我能够看到他们从一开始到后面慢慢变好。这个过程,我会觉得自己的存在还是蛮有价值的。"可以看到,对于心理教师来说,最重要的价值是在帮助学生的过程中感受到的。

二、社会比较中的摇摆与坚持

当一个人想要对自己在特定属性、能力或者观点态度上的相关情况进行正确评估时,会尝试与相似的他人进行比较。发展出社会比较理论的心理学家费斯汀格(Festinger)认为人们都有着试图评估自己观点和能力的驱动力,首选是通过直接且客观的信息与标准来获得准确的评价,但,倘若信息与标准模棱两可难以判断时,人们就会倾向于与类似的他人进行比较来获得信息。社会比较的范围不仅在人们对自己的观点、能力作比较判断,还会拓展到自己的情绪、人格、收入、声望这些维度。

一个人进行社会比较蕴含着多种目标和动机,尤其是一些自发的社会比较,对一个人的自我判断有着重要意义。其首要目标,是进行准确的自我评价,一个人渴望获得关于自己的真实情况,哪怕反馈的信息不令人愉快,但也有助于真实了解自己。第二个目标,是自我增强,当人们在与相较于自己更为不足的他人进行比较后获得优越的积极体验,以帮助自己调节挫败或者失落的感受,这属于一种向下的比较。第三个目标是自我改善,人们与那些能够作为自己成功榜样的人进行比较,从中获得学习,这属于一种向上的比较。第四个目标,是共有感,在某些情境下人们把自己的情感和反应与一些有共同经历的他人进行比较,从而获得情感的联结体验,增强连接感、安慰感和相似性。[①]

学校心理教师有着教师的身份,但在校内有着不同学科的教师群体,如果说教师整体是一个大群体,那么学校不同的教研组就是小群体,社会比较同样存在着。

1. 别的老师的休息时间恰恰是我们最忙的时间(Y - GZ - 2)

学校心理健康教育的重要组成部分是学校心理辅导室,一般都

---

① (美)谢利·泰勒,利蒂希亚·安妮·佩普卢,戴维·西尔斯著;崔丽娟,王彦等译. 社会心理学. 第12版[M]. 上海:上海人民出版社,2010:118—124.

是利用学生的下课休息时间,比如中午和放学,这就意味着当大部分老师学生可以休息的时候,心理教师却在心理辅导室里为学生进行着心理辅导,按照学校心理辅导室的工作要求,每天都要开放至少1小时,所以心理老师们的中午往往是最繁忙的。

困境描述:"工作中的时间分配,跟传统的老师,其实不大一样。传统的教师,是学生上课的时候,他们是最忙的。但对于心理老师,其实是学生休息的时候我们是最忙的,我们其实更多的是用他们非上课的时间,去工作的……是工作时间上的冲突吧。"对于工作时间的付出在学校中可能相对是不明显的,但对于学校心理辅导室的开放时间是规定的,很多学校开设在中午,这原本是更多老师可以休息的时间。

I-立场之自身立场。"就会觉得每天待在办公室里面,最忙的时候,是大家都休闲的时候,就跟大家的生活工作上的时间就会不大匹配。"受访教师一旦和同事比较就会发现工作忙碌时间的差异。

I-立场之学生他者立场。"学生看你空着,也会来找你。……学生对心理老师会有一种天然的亲近性。他们会三步五十来你身边绕一绕,问你一些他们觉得无法向其他老师开口的问题,人生哲学类的问题啊……这是一个很好的资源。"在这里教师用的是"你"的代词代表自己,也可以看到教师是站在学生视角在思考和理解这个情况。

I-立场之自身立场。"我觉得其实这是一个很好的资源,其实这个资源,我个人觉得更好的是在学生社团里去发展这个资源。"教师立足于指导学生心理健康素养的视角思考着这个情况。"但是带学生社团的这个时间每周又非常有限,又会被各种其他的活动所占据,如果要开展学生社团的话,心理老师要牺牲自己业余的非工作时间去工作。"这是另一个关于自己非工作时间的分析立场,这里有教师关于工作时间的理解。

I-立场之自身立场。"其实就会影响我对这个事情工作的信心,……你能不能坚持一个学期一年、两年、三年,一直在自己的非工作时间去工作。然后,工作的时间也在工作,其实就是加长了自己的工作时长!……如果短期肯定还好,如果你想做成的话,肯定是需要长期的。那长期又要投入很多……就会有点没有信心,不知道自己能不能坚持做下去。我也会担心,刚开始开了个好头,然后就随便潦草收尾,就感觉这个投入好像打了水漂。"这里教师表达了自己在困境中的情绪与感受,是一种对工作的效果与自己能否坚持投入的焦虑与担忧。

当谈到应对时,这位老师给出了非常明确的回答。"我的应对就是接纳吧!"并且在说完之后立刻爽朗地笑出了声。"……本身就是工作时间上不同嘛,牺牲自己的午休时间,来做心理老师的工作。"这是一个元立场的自我,在这里可以明显觉察到教师对身份的认同。同时,她也有调节的应对策略。"如果觉得很累的话,就在工作时间比较空闲的时候,做一下休息吧。所以每天中午,要早点去吃饭。"同时,教师再一次站在学生立场进行自我对话,"……就是得照顾学生的时间",并且还会担心辅导的质量,"如果上午最后一节课,下午第一节也有课,其实会蛮影响咨询的状态的,……如果学生咨询在这个时间段,就会觉得咨询效果蛮差的"。与此同时,心理教师也会看到周围老师的付出,"班主任也是嘛,办公室一直是满员的,学生来来往往的(笑)……这可能就是老师的职业特性"。这里看到了教师对教师身份的认同,并且再一次对自己的心理教师身份进行了认同,并且伴随着积极的情绪。"无解,只能早一点去,快点吃饭,只能这样!(笑)……只能接纳,接纳自己这种工作的特殊性。"

2. 越优秀就会越忙越多事(G-WZ-3)

追求专业的发展,职业的成功是每位教师的追求。成为自己专业领域的优秀者是老师们的期望,但在心理教师这里优秀并不代表着更多的掌声、奖励或者金钱,而是更多的工作蜂拥而至。

困境描述:"不成功的心理老师其实是舒服的,因为如果你不成功的话,学生也不会来找你咨询,你把课上完了就好了呀。不会有学生找你咨询,也不会有老师找你谈心,也不会家长需要你谈话,不要太舒服哦!……你是一个优秀的心理老师,你就意味着你有更多的事情。因为你优秀，学生就会一直来找你，然后你就很忙，忙到像我现在是每天中午排满，上午下午上课，下课的时间也会来找你，有些小朋友这节体育课，他很难受，找到你。……有学生找不到了，老师们会要想到你，学生找到了谈话吧，需要你。肯定还要跟家长谈话，也要你一起……你会非常繁忙，因为你干的好。"受访教师因为自己工作的优秀，却不得不面对工作越来越多的境地。

I-立场之自身立场，心理教师会感受到自己工作做得越好越有成效，就会更加繁忙。"你知道吗？你干得好，没有让你变得更有认可度，或者赚到更多的钱，或有更多的荣誉，只会带来更多的事情。……所以说那么好干什么。你把工作做得很好，进修很多，学历也高，懂得又多，最后你变得更忙。"教师表述的同时是带着无奈的情绪的。"这些忙没有给你带来任何实质性的好处，我现在一点时间都没有，我头很疼，事情太多。"尤其与一些工作不怎么有成效的心理教师比较，"居然还有考在其他学校的同学来联系我想咨询，说不喜欢他们的心理老师，听我们学生说我很好，想找我。……搞笑吧，因为学生不认可，有的心理老师反而有了空闲的时间"。

I-立场之自身立场，教师对自己的工作内容的变化感到"困惑"，与工作之初那几年的工作压力进行比较。"其实是很困惑的，做的事情，没有底。……这两年疫情上来，学生的问题变更严重了，更加没有底，而且变严重。严重到都是上升到生命级别的。……原来，我最早来学校工作的时候也就是小朋友吵架啊、考前焦虑啊、不愿意去考试啊，这也是我觉得作为学校心理老师应该面对的事情。……现在好了，面对的事情动不动就是有小朋友要自杀或者要自残，或者说他有精神问题怎么办，他有重度抑郁症怎么办，他在那里又哭又闹惊恐发作你怎么办……学校心理老师是第一线，面临的是学生发作的第一个场景。"受访教师在与之前的工作内容进行比较时，也能深深感受到工作的压力之大。

I-立场之自身立场，教师这一次是与校外社会收费的心理咨询师进行了比较。"我有个学生，每次发作的时候都在学校里面。他双休日有一个咨询师,每次咨询1600,这样一个咨询师,他每次咨询都是很愉快的,谈一个多小时,没有任何的问题。……可是,发作的时候他在学校,都是我盯着,我去急救,我去灭火,我去抢救他,就像消防员一样的,这是我应该的,对吧,因为我在学校里面。"心理教师再一次进行了社会比较,从收入的不对等与工作棘手程度的不对等中能感受到学校心理教师的工作是很繁重的。

I-立场之社会他者立场,心理教师的学习任务其实也是很重的,因为学生心理问题的复杂多样性,也就决定了教师需要不断地学习和提升自己。"所以说,有时候你会觉得,你要做那么好干什么呢?还要不停地学,学很多。下个星期开始我又要去学啊,总觉得你学无止境,因为学生的问题在变化,你永远有新的问题,不像他们有些主课老师一套教案吃十年,对吧,我们不可能。当然,现在他们也不可能,新教材出来,他们也在改革。……但是,你的课余时间所要承担的压力远远大过那些有考试成绩的老师。"教师在这里用"你"表达出了一种社会对心理教师要求不断进步的立场,同时在这里教师再一次和主课教师进行了社会比较。

I-立场之同事他者立场,随后心理教师这一次与艺术体育这样的副课教师进行了比较。"那没有考试成绩的老师你更羡慕了。那种艺术老师啊、体育老师啊,他们课余时间是他们自己的。他们带运动队是有专项经费的。但是你做咨询,有些学校也会贴你钱,但是你承受的压力不一样,他们这里训练就可以了。你这边真的是真刀真枪地拼命啊,真的是面对生命啊……有时候,一天下来,就觉得自己精疲力竭。……压力很大,你会觉得自己干什么呢?"心理教师需要面对心理问题甚至学生危机干预的工作,承受挽救生命的压力,这是其他学科的教师很难体会和想象的。

I-立场之自身立场,这一次教师和不被重视的工作状态作对比。"我现在想要不要跳槽,在学校里怎么那么累啊? 这几年,心理健康教育是被关注的,但这些都是拿学生的命换来的,一点都不值得。……我宁可岁月静好,我原来的那种可有可无的状态,至少证明大家都很好,而不是现在大家都很糟糕。有时候我真这么觉得。"受访教师是矛盾的,既感受到了心理教育被关注,但又了解到被关注的是因为学生的极端事件频频发生。

I-立场之自身立场,回归到思考自己在做什么,教师对自己的工作一直在思考,也在进行价值的审视与判断。"我在做什么呢?这个问题我一直在想……我觉得我做的事情是有价值的。因为,真的在帮助一些有困难的同学和他们的家长。谁都不希望自己遇到,但是,总会有人遇到各种各样的问题,总会有人碰上各种各样的孩子。一个孩子对于某些家庭来说,可能就是全部了吧。我用我的专业知识去帮助他们,然后如果哪怕能改善一些,让这孩子稳住,家庭能稳住一些,我就觉得自己是有价值的。"心理教师对自己的工作表示了肯定,尤其是对自己存在价值的肯定。

关于困境应对,面对社会比较中对自己工作的困惑与怀疑,受访教师的回答是无奈的。"怎么应对? 没有应对。"但教师明确的,是依然会坚持把工作做好。"虽然你做得好,你会更忙,但是我还是想把它做好。"这里教师再一次和医生作了社会比较,但比较的是对工作的负责。"这点我觉得跟医生很像,你手上这个人,他在你手上,你就要对他负责,你就要让他好。……用你的专业知识,让他尽可能正常起来。"

受访教师还用了一个寓言故事来表达这样的态度。"这就像以前我听过一个小故事,大海边有很多小鱼被冲上岸搁浅了,在阳光下晒着,很快就会死掉了。有个小男生在那边,捡一条鱼扔到海里,他在不断做这件事情。旁边海浪在笑他,太阳也在笑他,没有用啊,那么多鱼,你肯定救不过来的。想不到那个小男生说了一句话,救一条是一条,这条我救到就好……感觉,这也是支撑我到现在很重要的一个信念。"受访教师用一则故事来表达自己救助遇到的每一个学生的信念,同时再次和医生作了比较。"我在想医生是不是也是这样的,我没有办法救所有的人,我也没办法帮到所有的人,但是在我手上,帮到一个是一个。"其实,受访教师已经用自己工作的信念应对这个困境了。"我帮到就可以了，我觉得就问心无愧了。……既然我能够有机会有缘和这些学生碰在一起，还能参与到他的一些生活挽救当中去，那我就尽力去帮一帮，帮多少算多少。"

受访教师回顾了一些被成功帮助的学生案例。"的确有很多学生在学校，包括我啊、老师们啊、跟家长的共同努力下，他缓和了很多，平平稳稳地把高中读完了。"教师在回顾这些案例的时候在探索自己身份的价值与认同。"我没有办法保他一世，但是在高中的时候，不仅仅是为了确保高中平安，也是希望他的家庭和整个心理状态能有所优化，帮助他能够应对更多的事情。如果能做到这一点，我觉得至少自己的价值就有了！"

受访教师对于自己在比较中所发现的"忙"也有了应对与思考。"有时候，我在想做这些有意义吗？你那么忙。……但反过来说，你忙就证明你有价值，或者说你是有用的。不断有老师反馈说你很厉害，不断会有学生也跑来说，家长给我反馈……当这些在发生的时候，你会觉得自己做的事情是有价值的。"教师在这里再一次又进行了社会比较来帮助自己。"虽然很辛苦，但我刚才突然在想，其实，其他领域也是一样的，你大学教授不忙吗，也很忙啊。越是优秀的大学教授越是忙啊，能者多劳吧。而且，他们多劳是为国家为社会创造价值。……那我的多劳，是为更多的学生健康成长或为更多的家庭。"这位受访教师在不同的社会比较中逐步感受到对身份的认同，对工作价值的认可。同时，教师不仅找到了调节自身压力的方法，也更坚定了自己工作的信念。"当然，我也要适当的调整一下，不要让自己压力太大，这是应该的。……但是，做的工作本身是有意义的，我还会继续做下去。"

三、自我效能感的怀疑与努力

一个人对自己的行为能力以及行为能否产生预期结果所持有的

信念,就是心理学家班杜拉提出的自我效能感(self-efficacy)①。自我效能感本质上是一组信念,是关于人们对自己拥有完成某项特定任务能力的信念,是自我系统的一个重要部分。依据班杜拉的研究,自我效能感是一个人的成就表现、替代经验、言语劝导和情绪反应等共同构成的产物。

自我效能对于一个人会做什么至关重要。在班杜拉看来,影响一个人是否从事某种特定行为的两大因素:结果预期与自我效能,前者是一个人对特定行为将导致某些结果的估计,后者是关于一个人可以成功执行产生结果所需行为的一种信念。这两者之间是有区别的,因为即使一个人相信特定的行动会产生一些特定的结果,但如果这个人对自己能否执行这些必要行为抱有很大怀疑的话,那么这些有关结果的信息并不会对他们的行为产生影响。② 因为人们会害怕并倾向于避免那些他们认为超出应对能力、有威胁的情况,只有判断自己有能力处理的时候,他们才会自信地参与其中。效能预期会决定人们将付出多少努力,以及他们在面对障碍和不愉快经历时能坚持多久。当然,这不意味着效能期望是行为的唯一决定因素,还需要有适当的技能和足够的激励,应该说效能预期是人们选择活动的主要决定因素,决定着人们将投入多少努力,以及他们将在应对压力情况下持续努力多长时间。自我效能高的人,对完成任务的能力更有信心,更多预期行为会取得预期的结果,面对困境能投入更久的努力,更有可能突破困境;自我效能低的人,会缺乏信心,面对困境不投入更多的尝试与努力,伴随沮丧、自责、无价值感等消极情绪,行为达成目标结果的可能性也会进一步降低。

1. 我的教师身份是"上课"才有的(G-WZ-3)

心理教师一项主要工作就是上好心理健康教育课,心理课被视

---

① 林崇德,杨治良,黄希庭. 心理学大辞典[M]. 上海教育出版社,2003:1775.
② Bandura A. Self-Efficacy: Toward a Unifying Theory of Behavioral Change [J]. Psychological Review, 1977,84(2):191-215.

为心理健康教育的主渠道①,上海中小学每所学校至少会安排一个年级有一个学年的心理健康教育课程,每个班级至少每两周会上一节心理课,通常初中是预备年级或者初一,高中一般是高一年级或者高二年级,还有相当一些学校是每周一节心理课。心理课作为一门非考试科目,显然属于副课中的副课,但又承载着培育与提升学生心理健康素养的重要育人使命,对于心理教师而言是很大的挑战。

困境描述:"进了学校,你发现,你有一块很重要的东西要做——就是上课,你要去上一节教育学生心理健康的课。这个是我进单位时就很奇怪的一个感觉,就很困惑,我怎么上课能够帮助学生解决心理问题,帮助学生更健康呢?其实这个困惑是一直有的。……那个时候也没有,没有人可以给我范例怎么上课,只能自己在想,心理课应该上成什么样子,真是一点样子都没有,全新的。没有人教过我怎么上心理课,那么多年下来了,其实上课一直是我一件很困惑的事情。因为你一直想要知道,你的课堂到底要干什么?我应该干什么?到底怎么干才是好的?……大学里没有人教你怎么上心理课。""怎么上课,怎么上好课?"这个困惑伴随着一位资深心理教师很多年,这里有着一位教师对自身专业身份所应做主要工作的探索与思考,也有对自己究竟"在做什么?""能做什么?"的困惑与怀疑。

I-立场之自身立场,受访教师回顾自己刚入职之初的感受,作为一名二十多年的教师,却依然记得自己工作之初关于如何上课的困惑。"心理系的学生是不会上课的,我现在觉得很多人是这样的……我当时就很傻,我站在教室里面,有时候觉得无所适从。怎么能让学生听我讲?……当时我们有一批年轻老师一起,他们比我好,他们都知道怎么上课。"

I-立场之学生他者立场,教师身份认同的一个重要来源是学生

---

① 中华人民共和国教育部. 教育部办公厅关于加强学生心理健康管理工作的通知. [EB/OL]. http://www.gov.cn/xinwen/2021-05/11/content_5605743. html_zbs_baidu_bk, 2021.

的认同,学生的积极反馈给了受访教师莫大的支持与肯定。"然后,我就去上课了。学生还挺买你账的,学生普遍素质也挺高的,小朋友上课的积极性是很高的。……学生对我挺好的,学生很喜欢我,元旦节、圣诞节,还会给我很多贺卡。有两个学生,跟我关系特别好,放学的时候还一起骑车回家。……然后,他们围着你叫老师老师的时候,你觉得超可爱。"在学生这里,教师获得了身份的认同感,成为支持她继续从事这份职业的重要动力。

I-立场之学校他者立场,教师一个重要的评价来自学校,来自工作中重要的他者。"然后第一年呢,学校领导会说你的课堂纪律是个问题,你要怎么把它做好? ……心理课会比较闹腾,因为是心理健康教育的知识,我觉得小朋友是要鼓励他天性的,但是在课堂里面你会觉得那个天性,一旦被鼓励出来了,你是控制不住的。……闹腾,就是说你的控班能力是有问题的,所有的精力都拿来花在控制课堂纪律上,教导主任、年级组长还会在旁边冷眼看着你。"教师在这里用"你"在描述校领导作为他者立场对教师课堂教学纪律的要求,这成为让教师质疑自己上课能力的一个点,或许很多心理教师都会在上课效果和课堂纪律之间摇摆,努力找到那个可以彼此平衡的区域。

I-立场之社会他者立场,心理教师对于心理课的困惑源于自己对于心理课与教师专业身份的直接关联。"如果你课都没有,那你作为一个心理老师来说,你算什么老师呢?"受访教师对于上好心理课的重视程度显然是与其自身教师专业身份认同紧密联系在一起,并且这里用"你"代表着一种他者视角,这里他者视角不仅包含着学生、同事、学校,很可能还有社会,上课成为一名教师身份认同的主要标志。

I-立场之学生他者立场,教师试图在学生立场上对心理课教学进行审视和理解。"学生呢,非常自说自话,学生也不理解你的东西,然后你又没有作业,你也不会考试。那么他要认真听课的目的只有一个,就是你的课堂得吸引他! 这个有多难? ……你怎么去吸引一个有40多个学生的课堂,里面就一个主题,然后你还得让所有人都有参与,这个基本做不到的。"教师在反思的过程中伴随着对难度的思考,感受到的情绪也很明显。"那段时间我记得有非常的挫败感。"再次呈现出教师专业身份认同与学生上课反馈之间的直接关系。"因为你的课堂的认可度或者学生给你的反馈,是直接决定了你觉得自己是不是个称职的心理老师,还不是优秀啊,就是你到底算不算一个称职的老师。"这个思考让教师感受到一种自我怀疑,"其实你一直会处于一个很自我怀疑的状态,这种怀疑感伴随你很久。"在这里由于是源自学生反馈的自我怀疑,我们可以看到教师用了"你"表明这是一种来自他者立场的自我怀疑。

I-立场之同事他者立场,心理教师在与同事相处的过程中依然会受到因为课时产生的困扰。"记得有一个班主任老教师,是一个非常厉害的数学老师。他就说你上那么多心理课干什么,还不如给我多上几节数学课。还有老师会跟我说啊,我真羡慕你心理老师,你又不用考试,你也没有什么课程的压力。其实他们这些话说得是很无意的,其实也蛮友善的,他们对我说话也没有很恶意。"心理教师在与同事相处的过程中会因为学校本身课时不足带来的课程安排的矛盾,也会有其他学科教师视角的评价,甚至某种程度上心理教师也很认同他们的评价。但这对教师自身的认同会产生影响。"你就会觉得,那我的存在是干什么呢? 我的价值是什么? 我的存在到底有没有价值,有没有意义? 那我干什么待在这个学校呢?"心理教师的自我怀疑程度可能远远大于其他学科的教师,这会很大程度上影响心理教师的身份认同,这与之前的量表研究是相吻合的,量表数据显示心理教师与教师整体的专业身份认同存在极其显著差异($F=11.792, p=0.001 \leqslant 0.001$),心理教师的专业身份认同度极其显著的低于教师整体。

I-立场之学生他者立场,教师再一次站在学生立场上对心理课的重要性进行思考,对心理课核心的课程目标进行探讨。"心理老师首先得把课上好,学生认同你的才会找你咨询。而且,从心理健康教育理论来讲,首先在课堂上面向大部分发展性的,同学们发展过程中会遇到很多困难,很多问题,我们通过课程先帮他们解决大部分的问题,应该是一个治未病的概念,对不对,所以课其实是很重要的……"当教师在思考心理课的时候,其实就是在思考自身身份的价值与认同,这需要学生立场的思考,尤其是学生的积极反馈会给教师很多支持。"学生写班级日记说,他们能感觉到心理老师每节课都想跟他们交流一点什么,学到点什么。他们能感觉到,觉得有些内容也很好。……这份班级日记到现在我都记得,因为我觉得他们的反应,让我觉得我的存在还是有价值的。"

I-立场之学生他者立场,对于由教师、学生、教学内容构成的课堂,成为心理教师专业身份认同最重要的地方,学生成为受访教师最多思考和关注的立场。"学生们会审视你,会评价你到底是谁,你这个课到底值不值去听,因为他们还有很多作业要做,做作业不好吗?……我在想,如果我是他们的话,副课当然拿来做作业了,对吧。"受访教师用学生立场对学生行为进行自我的对话,这是理解并且被接受的,对学生的理解也促使教师更多关注如何提升课堂教学质量。"那我愿意听,肯定是我觉得这个课还值得一听。那么,我就一直在跟这样的情况做个斗争。"同时,教师站在他者立场继续对"好"的课进行评价,也是对"好"的心理教师进行评价。"因为我不想用严厉的所谓的课堂纪律去管住学生,当然这是应该要有的,但你不能一直是这样,你应该有吸引他的部分,或者是心理老师,一直就是靠课堂内容质量来吸引学生听课,这样的一种存在,这个跟其他老师真的是差别很大。"当教师对"好"的心理课和心理教师进行评价时用了他者立场"你",代表着一种外部的评价立场。

I-立场之自身立场,受访心理教师对自己的个性进行了描述,同时对教师的身份进行了认同。"因为我这个人其实蛮求稳的,我觉得学校环境还是不错的。做老师的话,其实还是感觉也挺好的,也挺开心,你还有假期。其实你这份工作做得有多成功,我肯定不觉得呢。"教师对自己取得的专业成就也进行了肯定。"当时我也开了很多课,参与了很多评选,也拿过全国论文奖,也拿过上海市的奖,那时候很积极都参加,因为我觉得也不难,说实话就你去了,好像奖总会能拿到的那种感觉。……因为它很新啊!"这个部分是受访教师对自己取得专业成就的描述,但感觉并不认为有很大的成就感,只是归因于这门课比较新,奖比较好拿,能感觉到心理教师的专业成就感是不强的。

I-立场之自身立场,心理教师对于专业身份的认同一直处于相对比较低的状态。"我整个职业生涯早期一直在摸索,一直在彷徨,也很困惑,其实也想过要跳槽,因为你觉得没劲嘛,你就觉得你的付出和认可和回报其实是差别很大的。你也不知道你,你的坚持的目的是什么。"受访教师对于自身的身份认同是建立在上课的基础之上,"我觉得我的老师的身份是上课才有的。如果没有课堂,就是个教工。因为你有课,你能够在课堂上三尺讲台教育学生,你能给到学生东西能够帮助他们成长,这才是一个老师存在的意义和价值。……当你上课,在课堂上站稳讲台,学生看着你,你跟他们共同去生成一些东西,大家共同探讨一些东西,学生有收获,有成长的时候,你才是个老师。"

应对这样的困境,即使已经有着多年困惑,但心理教师首先对心理课的本身价值是认同的。"首先,我觉得我做的事情还是有价值的。"这份认同的核心源于学生的反馈,再一次表明学生反馈对于心理教师专业身份认同的重要性,在这里的反馈包含着教师的课堂观察。"能感觉到有一些学生在上课前和上课后不一样了,在上到某些地方时,学生会很安静地听,他们眼睛会发亮,说明感悟到东西……他们肯定学到了。"学生的反馈也包括课后的答疑互动。"甚至有些课上完,学生会课后找我交流,……学生的反馈让我觉得他们学到了东西,至少我觉得我的课没有白上。"还包括多年以后的学生反馈。"有些学生毕业若干年以后回来看老师,会讲起以前心理课上,会说老师,他就是那个心理课上讲了什么什么的人。我会觉得啊,原来他们记得那堂课,或者记得那些东西,还记得我。"学生的反馈成为心理教师专业身份认同的重要因素。

同时,心理教师也一直在思考心理课的价值与意义,"我们在课堂上共同经过的那些东西对他们有没有帮助?如果有,我觉得我就没有白上。……不能一直很功利,觉得一定要体现在成绩里面。有些经历,他是刻在人的经验里面的,他成为了这个小朋友成长道路上的一个组成部分。"可以看到心理教师因为心理课本身是非考试学科的特性,有着更多对人成长和价值的思考,包括自己的工作对学生成长的价值。"恰恰我成为推动他增加这个经验的人,我觉得我也许就是有价值的。"受访教师用了"也许"来形容对自己价值的思考,依然还是存在着怀疑。"我只能说也许,因为我其实还是自我怀疑很多。……其实这个困惑没有解决。"

同时,教师也会站在社会立场不断质疑。"人家也会说那心理课上了有用吗?为什么还有那么多学生出问题?"目前也有了自己的应对与回应:"我自己有时候第一反应也是为什么那么多学生有问题,但是我不断给自己做调整。……这是个社会问题,不是一个人的力量就能解决。……两个家长对一个小孩都做不到,更何况一个老师对一个学校。……我们的力量是有限的,但,同时要尽力做好我们的事情,去做好我们的课程,做好我们的辅导,做好我们的家长学校,做很多事情。"可以看到受访教师对自己需要做的工作内容更坚持了。"所以现在,我更注重课堂,会努力把课上好,即使没有考试。……要把每节课都作为一次心灵的成长旅程,……要求有点高,我不一定能做到,我只是努力在做。……一堂课上和没上,在这40分钟过后,认真听课的学生,他会有不一样的感受。……困难很多,但是我会努力去这件事情,我要做好,我要努力怎么把课上得更好。"

2. 我们能改变家长吗?(G-GZ-2)

心理教师面对的学生问题很多情况下还需要家校沟通协作,不仅要和家长沟通交流,还需要进行家庭教育指导。但倘若有学生已经外显了一定程度的心理问题,需要约谈家长,实质性地转变家庭教育方式或亲子沟通模式,但家长是形形色色多种多样的,要转变家长的难度是非常大的。

困境描述:"有的时候家长这一块我们其实有点是很无力的。因为我们没有办法改变家长。但是很多的问题，学生的问题，一看就知道是这个家庭或者是家长的状态造成的。但是，我们只能建议、劝说……就不停地建议和劝说……但是，有时候其实很无力，劝不过来。"心理教师在面对学生家长时，只能通过交流和劝说家长来推动家长的转变，从而希望实现家庭教育的调整，教师的无力感是很明显的。

I-立场之自身立场，面对一些显然观念和行为存在问题的家长，心理教师的第一反应是希望能点醒家长，改变问题学生身处的家庭环境。"就是很想把他骂一顿，但也不可能，你说是吧？"心理教师虽然很希望能批评家长，但是教师的身份又让他们肯定不能这么做，内在的效能感受是很"无力"的。

I-立场之学校他者立场，心理教师能在学校的立场上理解和思考。"其实学校也很无助，没有人帮我们啊！"一旦学生成为某一所学校正式的学生，那这所学校就要对学生负责，包括一些严重心理问题甚至有危机可能的学生，这对学校、对心理教师都是压力十分大的事情。

I-立场之自身立场，一旦有学生有特别严重的心理问题，心理教师就需要全程跟进，参与到这个学生就学的过程中去，尽力帮助学生。"这个烫手山芋，如果在我们这里的话，我们要抱着他。……不知道什么时候就是个地雷啊，就不知道什么时候要炸，你知道吗？就一直抱到他顺利毕业就阿弥陀佛！"在这里，心理教师用抱着"烫手山芋"来比喻自己在关护这些严重心理问题学生时的感受，明知很"烫"但依然要努力"抱"着接纳爱护好这些孩子。同时，心理教师用"地雷"来比喻这些学生一旦可能发生的严重问题爆发甚至危机情况，对这种可能发生的严重情况的不确定和担忧。

I-立场之家长他者立场，心理教师需要面对家长，尤其是心理有严重问题的学生一旦评估下来需要转介专业医疗机构，就需要与家长沟通。"没办法的呀，他未成年人，你肯定是要跟家长去沟通的！"这是必需的操作，这里心理教师用了"你"来指代自己，但随后继续表达对于家长影响力的效能不足的信念。"只能是依靠家长了,但是如果这个家长,意识不到问题的严重性,不去看医生,我们就一点办法也没有啊。说到底就是一点办法,也没有啊!"心理教师在与存在严重心理问题学生的家长沟通时,一旦家长不重视孩子心理问题的严重性,或者讳疾忌医,心理教师就会陷入深深的无力感之中。

I-立场之自身立场,心理教师表示出在面对严重棘手的学生心理问题时,感受到自身的效能不足,表达出对更有权威性的指导力量的期待。"我们靠自己的力量在做这件事情,没有上级的统一的东西……我不知道有没有啊,就是这种上级的指导人员啊,或者是专家啊、团队啊,就一起来帮学校来做这个事情,没有啊……"受访教师有着对于更高力量的期待,希望来指导帮助工作能更为有效。

面对自我效能感困惑的困境,当被询问如何应对时,受访教师谈到因为工作时间与经验的增加,有了更通透的思考。"其实你想通透了,年龄上去了,工作时间长了以后,有些东西可能觉得也没有那么重要了……以前可能会很在意,现在就感觉无所谓了……就是,我自己尽力做,我自己能做的把它尽力做好就行了呗!"受访教师依然会坚持努力做好工作,并认为目前阶段的自己能更为专注地做好一些事。"我觉得是摒弃了一些外在的看法,比较专注地做一些自己想做和能做的事情。"并再次聚焦了自己工作的内在信念与价值。"我的意义和价值就是来自我的学生。"在这里受访教师描述了相关思考所伴随的情绪,"这样就松弛了,比较轻松的松弛了。"

随后,受访教师再次对自己的工作效能作出了肯定,"做这个工作,我感觉部分还是,当然不可能说百分之一百,就是我觉得有小部分有一点作用和帮助,肯定是有的!"受访教师表现出对自己工作价值的认可,以及对自己工作效能的肯定。

第八章

"我要去哪里"的认同困境与突破

　　"我要去哪里?"是一个指向未来的问题,是每一个人对未来的思考、规划或目标,可以是一种对未来明确的计划,也可以是一个隐约的对自己未来形象的期待。不同年龄和专业发展阶段的心理教师或明确或模糊,都会想到一些未来发展的问题。在我国,教师专业发展有其相对明晰的职称评审路径,评审要求也是比较公开透明的,对于教师而言,个人"我要去哪里"的思考是外部环境因素与个人内在选择的共同作用结果,但本质上依然是受到教师内在动力的影响。

一、自我决定的内在推动

　　对未来的"要到哪里"是一个人自主选择行为和方向的结果,会考虑到外部环境、社会要求,但当所有的信息汇聚在一起,最终决策和行动还是需要本人进行。虽然教师作为教育工作者有其国家、社会赋予的发展方向,但作为教师而言依然有选择其未来发展的自主性,保有着自主发展的内在动力。

　　自我决定理论(self-determination theory)源于人本主义的传统,是心理学家德西和瑞安(Deci & Ryan)于 20 世纪 80 年代提出的关于人类动机与主体发展的理论,认为人是积极活跃的有机体,具有心理成长和自主发展的潜能,倾向于以自我决定的方式与环境发生交互作用。① 自我决定理论视角下的人的自我行为决定有着自主选择、可以自我调节、具有自我决定的能力与信念、能通过努力达成自我实现这样一些特点。② 因此,人们参与有意思的活动、坚持锻炼能力、追求社会群体的连通性,整合内心体验与人际体验,这些都是人类作为有机体适应与发展的重要组成部分。

自我决定理论将个体的行为动机分为内部动机(Intrinsic Motivation)和外部动机(External Motivation),但这并不是严格的分类范畴,而是分别存在于一个连续体的两端。外在动机是一种来源于外部环境并以特定方式行事的驱动力,来源包括评价系统、各种获奖、荣誉称号,以及他人的尊重钦佩等,是一个人可以获得的外部奖赏。内部动机是一种内在的激励人们依据某种原则进行决策行动的驱动力,来源包括人们的核心价值观、兴趣志向以及道德感等,是一个人内在的自我激励与认同。人类的动机是复杂而多元的,我们很少只被一种动机驱动,不同的目标、愿望和想法驱动着人们需要什么、想要什么和期待什么,研究者有必要从"非自我决定"到"自我决定"的连续统一体来考虑人类的动机。德西和瑞安用图来表示自我决定的连续体,行为在自我决定程度上有所不同,是基于动机类型、自我调节类型和感知的行为原因向度的不同(见图8-1)。

行为	非自我决定 ←——————————————→ 自我决定			
动机类型	非动机	外部动机		内部动机
调节类型	无调节	外部调节 内摄调节 认同调节 整合调节		内在调节
原因向度	非个人的	外在的 部分外在 部分内在 内在的		内在的

图8-1 个体自我决定的连续体③

① 郑雪. 人格心理学[M]. 暨南大学出版社,2016:291.
② 郭德俊. 动机与情绪[M]. 首都师范大学出版社,2017:222—231.
③ Deci E L, Ryan R M. The "What" and "Why" of Goal Pursuits: Human Needs and the Self-Determination of Behavior: Psychological Inquiry: Vol 11, No 4 [J]. Psychological Inquiry, 2000.

自我决定理论可以帮助我们充分理解目标对行为的导向作用。该理论强调人类人格成长、整合、获得幸福和积极发展的重要基础有三种特定的心理需求：自主性、胜任感、关联感，并贯穿整个生命周期。这三种心理需求被视为理解人们追求目标的重要过程。

自主性（Autonomy），是指一个人能依据自我愿望进行经验获得与行为组织的需要，使得从事活动能够与个人的自我意志相一致。

胜任感（Competence），是指一个人能够对环境产生影响，并能在环境中获得有价值结果的倾向。

关联感（Relatedness），是指一个人与他人发生联结的需要，包括能够去爱去关心他人，以及能够被他人爱和关心。

自主性是一种感受独立的能力，是一种能够按照自己的愿望对世界采取行动的能力。如果一个人缺乏自主性，他或她就会感到被与自己不相符的力量控制。胜任感是一种感觉自己做事有效的能力，当一个人觉得自己有胜任感时，他们会感觉到对所处环境有掌控感，对自己有信心。关联感是一种与他人联系和归属感的能力。自我决定理论提出，为了达到最佳的心理功能，这三种需求都必须得到满足。在这里可以探寻心理教师在对于未来要去哪里的思考中如何隐含着对工作的自主性、胜任感和关联感的思考。

1. 希望成为一个咨询师（E-WZ-3）

即使教师的职称发展是明晰而外显的，心理教师依然有着自主选择未来发展的期待，有着对心理咨询师专业发展的思考。

困境描述："我们是心理老师，学生一直去精卫中心开精神科药物，区心理志愿者培训也是请的精神科医生来讲。我有点困惑……之前我去精神科医院实习三个月，每个月两天，其实心理咨询师和精神科医生很多还是很不一样。……我希望自己成为一名优秀的心理咨询师。"受访教师有着自我的发展愿望，这会推动他朝这个方向行动。

I-立场之家长他者立场。"家长们有的就搞不清楚，他们以心理医生来概括。其实，要么是心理咨询师，要么是精神科医生……但，他们叫心理老师们也叫心理医生,叫那个精神科医生,也叫心理医生。"受访教师首先是站在家长的立场上来表述存在感受到的身份差异。"事实上,双方是互相合作的,但是有的时候还是会搞不清楚……现在区里志愿者培训都是精神科医生,可能一些心理咨询师遇到的问题,他们可能也是不清楚。"学校心理教师的专业进修是由区一级的教育学院和心理中心负责的,会有很多培训和学习的机会,组织方邀请的指导专家在受访教师看来是存在心理咨询师和精神科医生的差异的。

I-立场之自身立场。"心理老师可能更偏向心理咨询师多一点,以药物治疗为主的是精神科医生。……我就感觉好像学的方法什么可能也是有所不同。这就让我有一些困惑,有的时候还要向家长解释。"作为一线的心理教师直面有心理问题的学生,学校心理辅导室的工作更接近心理咨询师,比较不同于精神科医生。受访教师连续两次对这一情况表达出困惑的心情,并且这些困惑更多来自和家长的沟通。

I-立场之同事他者立场,受访教师的内在不禁会比心理老师和心理咨询师所获得的成就。"心理老师就很难得到认可,我们毕竟以主科为主,开的公开课也一直就得三等奖什么的……但是,有的老师自己子女遇到一些困难就会来问我,这可能是对我家庭教育这方面比较认可。"受访教师在心理咨询师的角色上得到了更多的积极的反馈。"是感觉到有信任的,但我也要帮助他们保守秘密,情况还是比较严重的。"

I-立场之自身立场,心理教师感觉自己在各方面获得的认可还是不够的。"其他方面认可,总体来说给我的认可有是有,但不是很多。稍微有些影响,可能有的时候会有些失落,但也就一晃而过。"

应对这样一种困惑,受访教师已经可以自己给自己一些支持,"可能还是自己对自己的认可,更为重要。"同时,也坚定了未来成为心理咨询师的目标。"可能内心还是更希望成为一个咨询师而被认可。"并且,受访教师能够站在学校整体的立场,接受因为非主科而必然的境遇,"有的时候就想想,学校就这一情况,还是主课老师为主,我也问过其他老师，他们说，哎呀，都是论资排位的……就是他们也给我一些安慰吧！……所以我也能接纳这一情况。"

心理教师已经在自己"希望成为谁"的路上有了自己的思考。"已经摸索得比较多，想弄那个公众视频号、家庭教育。……已经写了一些主题，抖音都很短的，两三分钟就可以了，比微课感觉都要短。"但还是顾忌学校的重要他者，只是在设计思考阶段。"但我也没敢弄啊，怕被领导看到！"同时也希望自己能做得有特色、更出色一些。"抖音里一搜，讲这个心理的成千上万，就是很难做到一下子脱颖而出，所以现在只是这么一个想法。"但，教师在行动上已经有了一些实质的探索。"在外面公益地讲讲家庭教育理念已经尝试过，差不多每个月讲一次，积累一下经验。……这种新兴的线上课渐渐变多了，我感觉是未来一个趋势。我也在探索吧！"受访教师对于未来已经有了自己的方向，并且做好了相应的准备。"这个路还是要去摸索，要找到适合自己的。"

心理教师还进行了自我分析和科学的测评来帮助自己确定未来的方向。"因为我的研究能力好像并不是特别强，不能沉下心来做研究。……霍兰德六种类型测试，我这个 I 好像不是特别强。……或者就咨询、交流方面可能更适合我。……也在探索自己擅长的地方。"最后，受访教师再一次强调努力探索的目标依然是"希望得到认可"。

2. 其实我想做的有很多（G-CZ-1）

学生心理健康工作的推动不仅仅在心理课程、学校心理辅导室，还有更多可以做的空间，需要心理教师联合更多力量来推动，这对于心理教师来说既是压力也是挑战，对于未来要到哪里去，就成了未来要联合多少力量共同做好心理健康教育。

困惑描述："心理老师是没有止境的一份工作，其实每天已经很忙了，空的时间也不多，但是，其实我想做的东西还是挺多的。怎么说呢，可能有点贪心，但是我想试试看。"学校心理教师思考的是未来可以如何构建学生心理健康教育工作的多方力量，通过影响更多重要因素来推动工作。受访教师希望通过做更多工作来对环境产生影响，尤其是对学生心理健康产生积极的影响，这对于她来说是有意义和价值的工作方向。

I-立场之班主任他者立场，心理教师开始关注班主任相关心理主题的培训。"比如说班主任的一些系列培训，班主任的力量一定要多多发挥起来。靠心理老师一个人去接个案，其实这不是长久之计，也不符合发展的理念。"心理教师关注到的是班主任的培训对学生成长的帮助。"更多的，应该要班主任从发展的理念多去关照学生，那么学生出现极端问题的概率可能就会小一些。……毕竟初中阶段是一个可塑性很强的阶段啊！"

I-立场之家长他者立场，心理教师同时很关注家长的心理主题相关的培训。"包括家庭教育这一块工作，我也挺想做的，做一些家长的培训。"心理教师在理解家长的基础上希望能更好地帮助家长。"能够更好地去调整一些家长现在这种过度焦虑的理念啊。……我是觉得要不断探讨这些事情，可能我们会更清楚自己养育孩子的初心，以及未来培养时我们需要掌握的一些原则，一些底线。"对家长进行培训的目标依然是学生的心理健康。"可能更有助于接下来的教育走向，不至于太过激进……然后牺牲掉孩子的心理健康。"

应对这个挑战或者是新问题，心理教师已经看到重要性，但依然感觉挑战很大。"但是，这两块工作想想其实有点头大的，因为我觉得一个人做不下来。牵扯其他人做呢，还遇到一个很大的麻烦，就是学校不一定很重视这一块的，不会花很多时间来做的。"也对可能有的成效表示担忧。"这是一个指向，未来没有切实的阶段成果的东西，没有可以量化成果的东西。"但，心理教师已经开始思考了。"就是需要一个团队，一定要有个团队，否则一个人累死。……正好，中心组的力量好好发挥一下。"

3. 是行政助理，但更想带一个团队（Y-CZ-1）

一些心理教师由于自己素质比较优秀，在学校也参与了很多行政工作，但是相较于行政管理，一些教师会更希望能做更多教师培训,通过提升教师的心理健康教育能力来影响更多的学生。

困境描述:"我很喜欢这个角色,心理教师可以通过影响学生或者影响一些教师群体,然后对学生有一些帮助。……我还在做德育主任助理,行政视角和心理老师视角看待问题方式会不一样……我觉得自己想做一个更纯正的心理方面的,可以带一个团队。想找一些骨干班主任,一些志同道合的小伙伴,就一个大家感兴趣的主题,一起做一些研讨,然后一起学习,最后再去回到学生身上。……其实我对行政是没太有想法的。"受访教师虽然是在学校担任一些行政管理的工作,但更希望做的是带领团队共同进步,通过影响教师、影响班主任,再来影响更多的学生。不仅有教师希望依据自我愿望进行经验获得与行为组织,更有希望对环境产生影响的胜任感。

I-立场之自身立场,教师对这个方面已经开始思考。"我想更多从这个方面,让心理在学校里面发挥它最大的价值,能够更实际地帮到小朋友,这个部分我是想做的。"受访教师已经开始有具体的内容计划。"能有一些自己的想法和看法,通过研究、一些行动、一些探索,然后有自己的一些小心得,那就最好了。"带团队可以让更多重要力量参与到学生心理健康教育工作中来,受访教师希望通过一点一滴的努力逐步来达成这个目标。

I-立场之学校他者立场,教师对自己的主任助理身份有来自学校视角的自我对话。"现实有困难,可能学校觉得是这个角色一定要我来做,也不见得是因为我有多好,就是因为我们学校这个年龄段的,就是像我六到十年这个年龄段的老师是断层的。可能很少,要么就很年轻,要么就快退休了。"教师自我中的学校他者对自己主任助理身份的理解是基于教师队伍的具体情况来分析的。"这个部分,……出于责任吧,学校会考虑,领导也就会说你要做起来,你如果不做的话,可能找不到合适的人了。"

I-立场之自我立场,教师已经开始调节了。"所以说现在就是一个比较难的情况,我也在努力,把自己往外去摘一摘,不要把这个行政占到我特别多的时间。如果说做行政要占了我百分之六七十的时间,我只能只有百分之三十的时间来做心理工作,我就会觉得很慌,我就觉得自己不知道在做什么。"受访教师一旦行政工作的时间大大超过心理工作的时间,就会感到很慌,然后就一定要向校领导反馈。"如果我有心理工作和行政这边冲突了,我就会直接把这件事情说出来,所以目前感觉也还能接受。"这已经是在积极能动地调节了。

I-立场之他者立场,对于要带团队,教师有着自己的对话。"心理工作,如果单靠一个老师的话其实是做不好的。虽然心理老师本身很重要,但就一个……心理教师应该做好一种支持或者是一种媒介,能够让更多老师有这种理念,让大家一起来做一些尝试,这个效应可能会更大一点。"受访教师希望推动更多人一同参与到学生心理工作中来,产生一种更大的力量。

I-立场之学生他者立场,教师用自我中的学生视角在思考当前的一些情况。"一开始工作的时候,我也靠自己来做。……你感觉确实做了很多事情,但是可能最后影响到学生身上的很少,能够给老师给学生的,很少。"教师对于工作好的评价又有着学生他者立场的评价。"如果心理工作做得很好的话,一定反而是心理老师不要那么凸显,而是学校里面,班主任也能够运用心理的知识,小朋友也能够有一些自发的积极的理念,这样我觉得就更好了。"受访教师希望实现的未来是更多班主任、学生朋辈能够凸显作用的景象。

I-立场之班主任他者立场,教师对话中也能看到对班主任的理解。"我也是在尝试,时间上他们班主任其实很忙。虽然,可能团队里面有两三个关系比较好的,但是还有一些人是一般关系的。……你推工作的时候需要考虑很多因素,他们太忙了,没有我认为的推得那么顺畅。"同时也能感觉到老师推进工作的难度,但因为行政助理的工作角色,也感受到了班主任们的配合。"不知道是不是因为助理这个角色,这学期他们反而配合度会比之前更高一点。……比如说在群里面发一些什么知识内容,让他们一起来看一看,然后写一些东西,他们都还都能够发上来的。"受访教师也感受到了行政助理的身份带来的一些工作推进的优势。"之前的话,小小的心理老师让他们去做一些事情,还是有难度的。……反而行政也有一部分助力。"

I-立场之自身立场,教师虽然看到了行政的助力,但依然坚持着自己的未来方向。"在尝试,其实也没有做几次,但是我感觉这就是我想做的一个方向!"教师再次对自己的目标进行了强化。

应对这样一些困境的思考,教师提出了类似第三立场的调节方式。"首先,我觉得自己要有一个比较清楚的规划,比如说你需要他们最后是一种什么样的表现,或者最终能给你的东西是什么,还有,你觉得他们受益点在哪里,自己要先有一个比较清楚的思考。"教师基于班主任他者立场思考工作的推进,"然后,怎样在他们繁忙工作的时候,尽量不增加压力。……更早地讲,有更多的时间来思考,可以早一点把这些事情推下去。"受访教师还在思考一些策略和情感支持。"给他们一些小小的回馈和奖励,买一些书啊,买一些 U 盘什么的。……然后彼此,偶尔和他们单个聊一聊,沟通一下,给他们一些支持,问问他们有什么困难之类的。"

教师再一次强化了自己想做的事的缘由。"我觉得,让心理教师这个角色能够推动心理工作做得更细致,这个就是价值了。可能我只是作为其中一个帮助或者支持的角色。……其实更多事情的落实,还是需要班主任再去做的,我觉得这种其实对于小朋友来说是最好的。……心理工作做得最好的可能不一定是心理老师,有很多优秀的班主任,实际工作中就可以把学生问题去疏导化解了。而不是说一有问题,大家都来到心理老师这里。……其实这些问题,班主任是可以去解决的,班主任的基本心理辅导能力可以得到提升。"

二、自我更新的专业发展

我国学者叶澜和白益民(2001)提出教师专业发展的"自我更新"取向,强调教师个人与环境的动态互动和相互作用,注重教师个人自身心理发展、职业周期、社会化程度等诸多方面的交互作用,聚焦教师专业发展的核心即教师内在专业结构的发展与完善。^①"自我更新"取向的教师,具有更强的教师自我专业发展的主体意识与动力,关注内在专业结构的改进、提升与更新,通过自我反思、自我专业结构剖析、自我专业发展规划、自我专业发展实践、自我专业发展方向监控与调节来实现教师主体自我的更新、提升与发展。"自我更新"取向理论注重教师主体才是专业发展真正的设计者与实施者。

"自我更新"取向的教师专业发展具有其显著的特征。首先,教师反思直接指向自身的专业发展过程,从而进一步指导自身专业发展的行动;然后,教师在自身专业发展中的自主意识得以确认,即教师能够独立于外在压力制定自身的发展规划,对学习内容进行决策与管理;最后,教师发展的动力源于主体内在,直指内部专业结构的改进与发展,而不是职业阶梯的等级。^②

"自我更新"取向教师的专业发展动力源于预设的发展目标,以及对已有专业发展目标的主观认同。^③ 因此,这一类教师在专业发展中获得成就感与满足感的重要来源是自身内在专业结构的改进与提升,并且伴随着专业发展的动态变化,其阶段的发展目标也会不断调整变化。具有自主专业发展意识的教师们,立足于对自身专业发展目标的认同,通过内省与反思找寻到自身专业结构有待提升的部分,制定学习与改进策略,通过具体的行动实践得以实现更新与发展,同时获得满足的心理状态。

"自我更新"取向的教师自主专业发展意识会经历不同的发展阶段,从进入教师教育之前的"非关注"、师范生的"虚拟关注"、刚刚入职的"生存关注"、继续留任的"任务关注"、稳定时期的"自我更新关注"这样五个阶段。^④ 教师从前生活阶段无意识的教师发展相关经验的积累、师范学习中专业发展思考的虚拟性、初入职相关理论与实践

---

① 叶澜. 教师角色与教师发展新探[M]. 教育科学出版社,2001:242—267.

② 叶澜. 教师角色与教师发展新探[M]. 教育科学出版社,2001:272—275.

③ 叶澜. 教师角色与教师发展新探[M]. 教育科学出版社,2001:272—275.

④ 叶澜. 教师角色与教师发展新探[M]. 教育科学出版社,2001:278—302.

的"磨合"与"反思"、继续留任后在职业阶梯与他人评价下开始思考"我怎样才能行"、稳定时期立足于专业发展本身更整体和全面地关注学生"学"以及个人实践知识的提升，专业发展是渐进的。

1. 这个工作就是一种自我赋能（Y－WZ－3）

专业发展的未来究竟是遵循工作喜好的未来，还是遵循外部职称评价阶梯的未来，个人在专业工作中的喜好能占有多大的比重，是不是可以遵循自己的工作喜好和需求感受去进行未来发展的规划，心理教师希望的是有更多可以自我赋能的空间。

困境描述："我其实是一个不是特别有规划的人，说实在的，我也不喜欢做项目做课题，我不喜欢做这些事情。咨询是我真的去处理问题，真的去跟学生交流啊之类的，我更喜欢这样的过程，实打实的。……有一些虚的东西，需要去塑造的一些东西，我不是很喜欢去做。……其实这个对我的职业发展是有很大制约的。"

I-立场之自身立场，心理教师希望自己成为一名好的心理教师。"如果我的目标，就是这辈子做心理老师的话，那我希望把心理老师做得更好一点。"显然，对教师职称评价体系和相关的要求还是很明确的，但同时对于自己"不喜欢"的这个感受也是很明确的。"那么，我是不是要评更高的职称，我是不是要有更高的声望？那我可能就要去做课题写文章……但是我又不喜欢做这些事情。"在这里就产生了一个很显然的矛盾，老师自己也意识到了，"这就有一个矛盾点在的吧"。

I-立场之自身立场，心理教师再一次对自己的工作状态进行了分析。"我现在可能在处理具体问题上面，包括讲座什么的，做得还不错，可能在学校是会比较得到认可。"同时，也能明确地感受到自己缺乏的内在动力。"但是，再往前一步，让自己得到更多认可，或者是往这方向走得更远，我觉得也不能说是能力不够吧，但我真的是没有太大的动力。"受访教师本科与硕士均毕业于国内知名 985 高校，学习与工作成绩全区有目共睹，且获得学校领导的认可，但她在职称评定方面却没有很大动力，这显然是与我们通常对教师职称评定的理解不一样。

I-立场之自身立场,心理教师对于不做一些事的结果是比较明确的。"这些事情我不爱做,对,也是有一点制约发展。"但在受访教师心中,对于怎样是真正好的心理教师有着她自己的思考评价。"有时候,我看着那些好像很厉害的人,什么做课题啊、写文章啊,好像很厉害,但是你跟他一接触,你发现他其实是个水货,他只是会写,他只是搞了很多的课题。……然后你觉得他是个水货,心里很鄙视这样子的人。"受访教师用"水货"来描述一些在实践工作中一般,只是因为一些评价指标而显得"厉害"的教师,在这里已经可以感受到受访教师对于心理教师的内在专业结构是有她自己的思考与判断的。"说实话,我可能也有点完美主义倾向,如果我看有些人的作品,我觉得是水货的话,我就不是很能接受自己去靠这些水货……没有办法,我不太能……希望我做出来的东西更好一点。"教师用完美主义来定义自己对工作的追求,尤其是对心理工作内在结构有着其自己的理解,显然在她的理解中课题并不是最重要的。

I-立场之社会他者立场,学生心理教育工作的评价需要站在他者立场上来审视。"本来做心理工作,就很难有外在的评价,很难有外在的花翎子……比如,你咨询做得再好,一个孩子可能通过你的咨询是有改变的。但,这只能主观感受,你没有办法去外在颁个奖,也很难用评分,比如这个人原来60分,现在考了80分,对吧。没有这样的评价,没有这个。很多时候,他就是一个主观的评价。"心理工作本身内隐性的特点,使得工作的成效也很难有外在显性的评价,由此带来的对好的心理教师的评价也是不能完全用一些传统的教师职业成就指标来衡量。

I-立场之学生他者立场,心理教师基于现实工作中的一个学生案例进行第三方的他者立场的工作成效描述。"有个孩子,他原来,你看他穿衣服,包括头,都是那种一窝乱……然后,他跟你咨询了几次之后,虽然他在校园里见面是不理我,但是他的发型、他的衣服,你就觉得他穿得工整了,头发正常了。"教师尝试从学生的他者的视角来观察学生经过心理辅导后的外显成效，并且体验到自己的专业成就感。"那个时候成就感非常非常强。"然后教师继续用他者立场进行了审视。"这个事情，第一我不能跟别人说，第二就是别人不觉得这是一个很大的变化，觉得这就是一个正常小孩，不就是应该这个样子嘛，他就觉得干干净净来学校不就很正常一件事情。"心理辅导的成效可能在一些他者眼中并不显著，甚至都不会被发现。

I-立场之自身立场，教师回归到自身立场评价这个案例和自己的工作成效。"但是，我是知道这个过程中，孩子自己有过怎样的努力，我知道我也是发挥作用的……我自己是知道，但是很难外在地给我颁个奖，或者外在给我什么奖励去肯定我。"但教师也很明确地看到自己的工作是不会有外部奖励的，这或许也是促使心理教师更为注重内部专业结构提升的重要原因，从而忽视了或者刻意回避了一些外部的教师评价指标。

应对这样的一个矛盾点，心理教师已经尝试从"自我赋能"的视角对工作进行审视。"可能本身我们做的这个工作，它就是一个自我赋能的，就是自己的感受、自我认同……我自己会也希望，就是具体的事情上，肯定是对自己有要求的，然后外在这些个，就挺犹豫的。"受访教师在具体事情上对自己的要求就是专业结构的提升，而不是被外显评价所束缚，但不能完全不受影响，教师的情绪状态是"犹豫"的。同时，年轻的教师还会感受到压力，"你不能说完全不想要，因为毕竟我也相对比较年轻，我对外在是有这个期待在的，我总归是有点压力。"所以，对于这位年轻的心理教师来说，这个困惑依然存在。"个性啊，各方面又放在这里，总归是矛盾的，有矛盾体在。"

但受访教师内心深处还是有期待的，她从他者立场对自己进行了某种程度上的劝说。"这个职称就是一种，你要进一步啊，你还有进一步的可能。……你也可以躺平，就会觉得有点可惜，因为前面有这个可能性。"并且再一次从自身立场进行了强调。"我躺平也是可以的，但是我更进一步也是有这个可能，而且好像也没有那么难。"在这里，受访教师处于一级这个职称类型，也看到了自己目前的状态。

"你不去做会有点遗憾,总归是会有这个点在的。"

2. 做课题让自己看起来是有用的(Y-GZ-2)

基础教育的教师职称晋升还是比较明晰的,一般是三级、二级、一级、高级、正高这样的发展序列,一般中学教师本科工作满 6 年、硕士研究生工作满 3 年就可以申请一级职称,也叫中学中级职称,满五年后一般就需要去晋升高级职称。虽然很明晰,但很多教师并没有非常明确的发展规划。

困境描述:"其实我规划不是很清楚,只知道中级以上就要往高级走。你肯定还是要努力的,虽然努力的方向其实我不大明确。……初步的模糊的规划当中,可能接下来的任务就是不仅要上好课,做好咨询,可能更多做一些课题上的研究。……在工作中,需要我们自己去找东西做,研究这种事,对我们来说是最适合的。"这位受访教师在未来去哪里的思考中选择做更多的课题研究。

I-立场之社会他者立场,职称晋升显然是一个外部的评价指标。"这和我的个人发展有关系,因为你如果想要评高级的话,课题是一个你很重要的有含金量的一个点。"在这里教师的自我对话中出现了"你",这里显然是一个外部他者的立场。"我们没有什么业务上的压力,你可能就是得做一些。"教师再次运用外部立场对自己提出了要求。

I-立场之自我立场,但随后教师开始探寻工作中开展课题研究的内容。"做课题其实对我们本身的职业发展来说是很有帮助的。我觉得其实工作当中有很多的空间可以做课题,学生的、教师的、家校沟通的。"教师尤其关注到做课题的价值。"这是让自己看起来是有用的工作。"在这里教师希望通过做课题提升自己的"价值感","我觉得课题是一个比较自由,又能够有所发挥的一个领域。"

I-立场之学校他者立场,教师做课题更多是希望获得学校和其他老师的认可。"其实做课题也会被学校所认可吧,也是你获得认可的一个方面。"教师在他者立场上对比了做课题和做心理咨询在职称评审中的作用。"其实,有很多老师讲,即使你做很多的咨询,但你这个咨询在你的评职称过程中是没有什么用的。你做了多少个案，他们不会看的，他们会看的，就是你的课题做了多少。"受访教师在思考的依然是职称评审相关的工作认可度的问题。

I-立场之自身立场，教师在这样的困境中对自己进行了一些分析。"我感觉自己挺磨叽的，很多东西都推进得很慢。我对这个教师职业的规划其实不是像别人一样比较清晰，一上来就能抓住重点……我可能花了很长的时间在自由的兴趣探索上面。"受访教师似乎在和同龄人的社会比较中感受到了自己的不足，或者说也是一种自我反思。

I-立场之社会他者立场，教师再一次回到社会他者的立场审视外部对年轻教师的期待，并作为自我中的重要他者立场而进行思考。"哦，年轻老师要有上进心，好像大家都在说，你要评级，那你要做科研呀，你得应该有论文呀！……其实我也不知道什么样的标准，反正就尽可能往好里做。"这里是环境对年轻教师的要求已经逐渐内化为自己对自己的鞭策。

I-立场之自身立场，教师回到了自身立场开始审视课题本身。"好像大家都在谈论这个做课题的事，都要做。……实质上的帮助，好像是比较功利的，做出来对评审是有好处的。"教师尝试对比做课题的外部动机和内在感受。"那如果从这个研究中能获得一些经验，我其实觉得困难更多。"教师做课题可以获得经验，但也存在一些困惑，"……当我做完这个课题之后，会发现很多东西是失望的，好像很难改变现象……有时候写的时候也会觉得这个地方很难写，这些问题都在，那我怎么改变这个现象呢？这个部分会让我觉得有点失望。"可以看到受访教师在意的一个点在于做好课题之后，对于一些研究现象的改变感到无力，会有"失望"的情绪存在。接着，教师又对比了心理咨询和做课题之间的差异，"做咨询，感觉就是这些问题，我们要跟问题共存。但做科研，好像是我的目的是改变问题，我要撬动这个东西……但，你会发现那个东西很难被撬动，就实际操作起来，比如我就是明明知道应该跟家长做工作，但是我发现跟家长做工作很难,每个家长又有每个家长不同的特点。……要用研究来描述的话,又觉得太大,描述不进去,或者又不够严谨、不够科学。"受访教师努力在尝试用科研课题来发现问题和解决问题。

I-立场之社会他者立场,教师再一次在他者对科研能力本身进行评价。"我觉得这个蛮挑战的,你要做一个好的科研,你的逻辑上要很清晰,就是你对这个问题的看法要很敏锐,而不是大概一论,如果只是用一个新的工具,或者只是在别人的基础上做完就做完了,实质上的帮助可能没有那么大。"这是受访教师对好的科研能力的一些思考和评价,更重要的是年轻的教师希望做有用的科研,能产生实际上的帮助。

应对课题研究的困惑,年轻的教师已经有了自己的对话与协商。"对,有时候在研究中,你可能不一定能完全解决所有的问题,可能会产生很多的困惑,可能困惑会越来越多,可能目前阶段你确实无法全部都解决,但是你可以带着这个困惑,然后继续做其他的研究,或者你在别人的研究中发现他解决了你的困惑,或者说给了你新的启发,可能又会有另一个课题,又会有另一个坑,你就自然而然地跳进去了,我觉得可能是这样子。"这里的"你"显然是自我对话中的他者立场,带着协商和调节的意涵,帮助受访教师应对现实的困境。

随后,教师用基于自身立场的对话在探索课题的意义。"……可以一个一个去翻阅、去改变……就先做,对……以前觉得做课题做完就结束了。但当做出来的那个东西是可以帮到我们的,我就觉得做课题是一件有意义的事。"随后教师继续从自身立场与自我进行着协商。"我现在能力有限,我还没有做出切实对我工作有帮助的那种研究,但我会有那个开始的动力,有那个好奇心去做这件事情。"同时,受访教师从学校他者立场再次鼓励了自己,"再加上学校也鼓励做,就觉得好像大家都帮你把障碍清平了,你要做一些努力,难道很难吗? 就做做试试看。(笑)"。

3. 我们可能是有学习焦虑的(G-WZ-3)

教师学习(teacher learning)是内嵌于教师专业发展进程之中,是教师自身作为学习者开展的知识、技能方面的自主性学习，经由经验积累和实践反思主动建构知识的过程。坚持学习是教师专业知识能力获得提升、得以持续发展的重要基础。心理教师同样有学习需求，迫切性似乎比一般的教师们更为强烈。

困境描述："我其实评到高级也有一段时间了，评正高呢，似乎也是一件以后一定会去做的事，但此刻并没有那么迫切。我感觉自己有一些倦怠，感觉自己的工作已经做得很不错。但是，我又很想去学习，是的，总觉得想再去听听课，参加一些培训学习，总觉得还应该再去学点什么。"

I-立场之自身立场，心理教师常常是学校系统中对专业学习特别积极的那一群。"我也不知道为什么，总想学一点……我报名了名师工作室，暑假刚结束了一个培训课程，最近我报名了市精卫中心的精神动力的培训班，下下周就开始上课了，虽然用课余时间，但是线上培训还是比较方便的，感觉很期待。"受访教师对即将开始的培训抱着一种"期待"的情绪，可以体会到她对学习的喜爱。

I-立场之学校他者立场，教师给到周围人的感受是一名资深的教师，已经没有很重的学习要求了。"其实，完全可以不用学。你上课也那么多年了，心理咨询也是可以的，工作那么多年也是老教师了，经验也有了。学校领导也是比较认可你的，有时候年轻老师看到你还要用尊称'您'。不用去学，就做好现在的事，把必需的教师培训学分完成就可以，完全没问题的。"

I-立场之自身立场，心理教师表达自己对期待的学习内容和相关的感受。"但是，就是很想去学些什么，听到好的课程、好的讲座，就很想参加，很想去跟着……什么叙事疗法啊，表达性治疗啊，大医院心理科培训啊，就觉得很棒，很想参与……我喜欢这种接触新的心理学知识、学习新技能的过程，会觉得自己一直在成长，没有停滞下来。"受访老师还补充了自己一个想学习的内容："我都很想去精卫中心跟岗实习，实在是时间不匹配，目前没有办法成行。"

I-立场之学生他者立场，心理教师想去不断学习的根本动力在于运用心理学知识帮助学生。"就是很想去学,因为这些年,学生有很大的变化,学生的心理问题越来越多,越来越复杂,不要说以前大学里学的,这些年看书和培训学的,根本是不够的。……学生来找你,抛出的问题有时候你根本是接不住,甚至会感觉压力很大,束手无策。……学生和你好好说着话,就在地上打滚,吓人吧! 还有,动不动就惊恐发作了,躲起来哭,真的是……很多以前只是在书里看到过的心理疾病,现在学校里就会遇到,真的压力很大。"受访教师感受到的是工作的压力与挑战。

I-立场之同事他者立场,心理老师在学校发生紧急状况时,需要作为学校的专业人士冲锋在前。"当然,你也可以联系家长,转介三甲医院心理科或者精卫中心,毕竟我们不是医生。但是,当面对这样的情景、这样的学生,周围的老师都看着你,因为你是专业人士,这个时候你要冲在前面,要帮助所有人解决问题……这是真功夫,这要真本事的,有时候真的是要命的情况啊! ……校长也会来问你怎么处理,因为只有你最懂啊。"

I-立场之自身立场,心理教师对于所学的课程是有自己的要求的,是希望真正学到东西的。"所以有好的课程就想去学,一定要好的,那种一次两次讲座的,是没什么深度的。最好是长程的,有技术含量的那种,有专家亲自手把手的那种一线临床指导,那种最好。"心理教师也想过降低自己的学习需求,从另一个立场对自己进行劝说。"其实想想,为什么还要那么努力? 有时候看看和我差不多年龄的其他老师,有的已经躺平了。有时候报名还不太好意思,感觉是不是抢了年轻人的学习机会。其实不学,也不会有人说你的,你的工作也不会有任何影响,反而到处上课很花时间,有时候还照顾不到家里。"心理教师再一次从学习的体验角度开展了自我对话,感受到一种学习的提升。"但是,就还是很想去学,有时候听了一个新的课程回来,自己都觉得自己变得更强了,更有能力了,有一种想快点在咨询室里试一试的想法,分析学生也有了更新的视角,真的感觉很好,很喜欢这样的自己。"显然,受访教师是很享受学习的感觉,感受自身因为学习而提升内在专业能力。

　　应对这种情况，心理教师更多的是希望进步。"没办法，不进则退么，学习总觉得是必须的，人是会变的，学生一代一代不一样，我们肯定也要跟着变。"心理教师工作的核心对象"学生"是他们坚持学习的主要动力。"别人都说，心理教师是有点学习焦虑的，就是很担心错过好的课程、好的技术，总觉得要再学一学。"受访教师用学习焦虑来形容自己对待学习的渴望，对提升自己专业能力的迫切。"好好学习，学习使人年轻！身边很多心理老师都是不断学习，不断保持一颗年轻的心！（笑）"

第 九 章

心理教师身份认同困境与突破的影响因素

心理教师的身份认同会在经历着一个个困境的发生与应对,乃至突破的过程中伴随着一位心理教师的成长而日益成熟。在此前的章节中已经通过量化数据的结果与访谈数据的内容分析,呈现出心理教师独有的身份认同的困境与应对的诸多样态。本章将从个人、学校、社会等维度,进一步思考影响心理教师自我身份认同、应对与突破的影响因素有哪些。本章分为两个部分,第一个部分是心理教师身份认同困境的影响因素,第二个部分是有助于心理教师应对和突破身份认同困境的积极因素。

一、什么因素影响着心理教师的身份认同

1. 个人因素

与个人主义的自我概念相反,对话视角对自我的最重要的含义是,它不是一种内在的,而是一种超越内在与外在、自我与他人之间界限的关系现象。在方法论上,这一观点以类比的形式进行了阐述,一方面是不同I-立场之间对话关系的空间化,另一方面是自我话语中声音的同时性。这种令人信服的自我视角在过去二十年中具有非凡的影响力,因为它通过解决个人主义和理性主义的陷阱,对超越笛卡儿式的我思的过程作出了决定性的贡献(Hermans et al. 1992)。

（1）人格因素

人格是心理学上描述一个人在待人接物方面的内部倾向性和心理特征,表现为思维、情感和行为特征,也可以理解为通常意义上的个性。适合于做心理教师的人格可以通过测量来了解吗? 或许可以,或许也只是参考,但会有心理教师对自己进行专业的测评。"从主观上来讲,对自己的人格、气质,或者是性格跟我的职业相不相吻合。"这个判断很可能是有心理学背景的人会认真思考的一个问题。"我常会问自己,我的性格到底是适合去干什么样的一个工作,是教英语、语文还是教心理……我之前还去测过我自己的大五人格,适不适合去当一个心理老师。"(E-CZ-1)

（2）专业能力

能力是人们有效完成某些作业所必须具备的心理特征和行为条件,包括一般能力和特殊能力。做好一名合格的心理教师,同样对个人能力有要求,即使经过师范专业、心理专业和在职进修等学习和训练过程,心理教师们的能力依然会存在一定差异,会影响到教师的身份认同。"第一个重要因素就是自己的能力。你的能力能不能真的去打动孩子,工作真的有效果。如果没有效果的话,自己压力也会很大。"受访教师认为个人能力很重要,并且用危机干预来举例说明,"包括危机干预,我刚面对也会恐惧啊,哪怕做了很多次。但是,如果能力更强的话,看到一点效果,看到你跟他交流之后有一点变化,那这个认同感会更高。但是,如果能力不够的话,又面对的是这种危机事件,会给自己蛮大压力的。"也有心理教师因为无法承受这样的压力转岗了。"好像听说就有新老师转岗了,还有老师已经辞职了……专业能力是非常非常重要的一个点,所以心理老师的专业能力很重要。"(Y-WZ-3)

（3）专业认同

当心理教师对自己所学的心理学专业认同和喜欢,就会积极运用心理学的专业知识到实际的工作中。这份专业认同成为心理教师职业发展的重要驱动力。"你学心理学本身,你对这个专业的捍卫,就会觉得要做一番事,可能到真真正正能够做出一些事情的时候,那个认同感才会出来吧。……有一句话叫有作为才有地位嘛!"基于对于心理专业的热爱,老师们想要做一些专业的行动。"先做一些事,然后如果感觉好,觉得自己可以了,然后又去做一些事情,然后又觉得好,然后再去做……这样子去循环,这种正向反馈,就会觉得自己其实也能做很多事情。"(Y-CZ-1)

2. 学校因素

学校不是抽象的概念,包括学校整体、领导、同事等,这是一个微型社会。个体的对话自我同样具有强烈的社会性,不是指一个独立的个体与其他外部人进行社会互动,而是指其他人在一个多声音的自我中占据了位置(Hermans et al. 1992),它超越了个人与社会之间的分离,证明现代人不是自主的,因为自我是由其他人组成的,包括自我感觉亲近的重要他人。

(1) 工作定位

学校对心理教师的工作界定。心理教师的工作指向学生心理健康教育,但育人工作的边界模糊也直接带来心理教师工作范围的边界模糊与不确定,带给心理教师很多身份认同的困境。"对于心理老师的工作的边界,我们一直没有一个依据、标准,或者说是文件。……心理老师范围边界是什么,职责到底是什么? 没有规定就是没有底! 心理老师什么都能做啊,生涯教育也是心理老师做的,导师制也是心理老师做的,校园欺凌也是心理老师做的,还有青春期……所有都能给你搭上,就是无限万能的心理老师呀! ……我们一直在呼吁能有一个标准。"(G-GZ-2)

整体来说,对于心理教师工作职责依然是不清晰的。"从大环境上来说,大家对心理老师的这个具体工作角色的了解其实还是很模糊的,包括我们自己有的时候也很、也会有点模糊的。"对比其他教师也会感受到。"不会像,比如说语文老师,他要做什么,他很清楚啊。……心理老师的工作可能就会有很多模糊的地带。"主要还是学校的工作状态。"导致这个角色本身在学校里就不那么立体鲜明,那自然也会影响到认同感！"尤其是学校重视的程度。"说实话啊，就我了解，大部分学校对这一块工作应该也没有太实质性的重视。"（G-CZ-1）

（2）同事因素

学校同事对心理教师的角色定位会很大程度影响着心理教师的自我认同。"环境很重要，学校环境周围人对你的认同或多或少影响到你的自我认同的部分。"关键在于周围同事对心理教师工作的角色定位是怎样的。"对他们对你角色的定位，其实也是多种多样的。有些老师会觉得其实你没什么作用，你就帮我去做例行的工作，跟家长联系一下，然后我们就把它转介出去，然后该退学退学、该休学休学。你就是一个工具性的定位，他对你的专业也没有什么期待……这个会影响到我们对自我定位就有怀疑。"这种来自学校同事的态度甚至会影响教师的专业发展。"我会想，是不是做到这个就可以了，那我要花那么多时间在专业就成长上有什么意义呢？"（Y-GZ-2）

同样，如果有同事认为心理教师很重要，在工作中会一直与心理教师有互动，也会很大程度给教师身份认同感。"突然，可能身边的人就很依赖你，你会觉得，哎呀，我太重要了，我得去联系家长，我得去搞定他们，我得去帮助他。……这时候你就得上啊，这会影响到我的自我认同，会觉得我这个专业还是挺重要的，是得多发展。……跟你日常接触的这些人会影响角色上的自我认同。"（Y-GZ-2）

（3）师傅带教

师徒带教是很多学校培养新教师的重要方法，通过有经验的资深优秀教师带教新入职教师的形式，能更快更好地培养新教师成为一名合格乃至优秀的青年教师。但是，很多学校心理教师却很难有好的师傅来带教，原因也很简单，因为很多学校只有一名心理教师。"很多学校心理老师都是单打独斗。像我们学校原来是一个人，我后面两个新老师来都是由我带，他们会轻松很多，认同感会好很多。因为其实我帮他们挡掉很多，给他们很多很明确的指导，他们一方面安心，另一方面会对心理工作找到更多的价值。"有师傅带教的和没有师傅带教的心理教师对比一下，还是有很多差异的。"很多学校都是一个人，又没有指导，如果自己也没有很明确的方向，就会不知道自己要干什么的！……能指导的话，真的会好很多。"（Y－WZ－3）

（4）领导态度

学校领导对于教师而言是工作中的重要他人，一所学校领导对于某项工作的态度会对教师身份认同产生重要影响。"领导态度是非常重要的，他对你工作的这个认同度如何。如果领导觉得心理工作很重要，对你做那些事情会尊重、会认同的话，我们自我感受就会很好。如果他不尊重，觉得你没有在做什么，什么都是你自己干，他也不支持的时候……而且，我知道有的学校领导这部分工作就直接扔给心理老师……其实还挺影响的。"（Y－WZ－3）

（5）学校平台

学校对心理健康教育的重视会体现在是不是给心理教师搭建平台，帮助心理教师获得展示的机会，从而有助于心理教师获得更多来自同事和学校的认可，构建良性的氛围。"如果学校给到心理健康教育足够的平台，心理老师又比较给力，做得比较好的话，那就会有个氛围，会觉得心理健康很重要，会觉得心理老师很重要。"在这里有一个要点，就是需要心理教师抓住机会来做好自己的工作。"不过，老师要抓住这个平台机会，去展现或者去证明这一点，如果都做到了，那心理老师的身份认同还是很好的，包括校领导也会觉得你做得还挺不错的，挺重要的，老师们觉得其实你是有帮助的。"（G－WZ－3）

3. 社会文化因素

对话自我可以被视为"心灵的社会"（Hermans，2002），在某种程度上，不同的和对比的文化被代表在不同的集体声音中，在多声音的自我中发挥作用。社会有传统文化和时代发展多重要求，都会对心理教师产生期待与评价。

（1）政策指导

学校心理工作受到上级教育部门的直接指导，包括心理教师的课时设置、津贴设置乃至岗位本身的设置，任何一些风吹草动都会引起一些认同感的波动。

"其实我们的角色也很边缘,时不时会有消息说这个心理老师以后是不是要被转岗到其他的位置,这种政策性的消息是最容易动摇你的自我价值定位。"(Y-GZ-2)

(2)整体认识

整个社会大环境对心理健康的认识,对学生心理健康教育的认识都会有影响。"整个环境很重要,这几年如果大环境对于心理健康的认识提高了,可能我们相对来说做事情就会好一点!认同度会高一点。本身这项工作的研究对象,就决定着它挺难的!"(E-GZ-2)

(3)评价制度

学校目前设置的课程和评价方式对一门课在学校的认同十分重要,也包括对这门学科的教师认同,评价制度重要的一个方面就是考试,但心理课程目前的评价几乎是没有的。"我们社会的这个考试评价模式,就决定了不考试的学科肯定都不受重视。你没有分数,谁重视你呢!就像体育,有中考考试,有高考考试,大家都很重视,盯着学生锻炼,每天必须排体育课,这是评价就决定了。"教师在评价体系中用体育课进行了举例,同样是健康素养,体育健康素养是有评价方式的,但心理健康目前是没有的。"但是我们不可能评价,或者说怎么评价呢?评价每个学生心理健康吗?给他们做测评?那不可能的,对不对?"由课程联系到教师。"而且,你也不能说健康就是老师的功劳,对不对?所以说,整个社会评价的模式就决定了心理教师的认同感肯定会远远低于那些考试科目的。"(G-WZ-3)

二、什么因素有助于心理教师应对与突破身份认同困境

身份认同本身具有能动性,具有各种角色的人们作为主体可以能动地选择和决策,从而推动自身身份的创造与发展。当一个人在某个身份角色上自我的主观感受良好时,也会产生更多的身份认同;反之,当一个人在某个身份角色上自我的主观感受是困难甚至无助

的,那就会产生身份认同困境。同时,个体自我所具有的能动张力可以帮助他们应对与突破这一困境。

1. 个人因素

个体在面对身份认同困境时所拥有的个人应对的能动力不仅是当下个体在与环境的互动过程中所进行的行为思考决策,更包含着持续的思考力、行动力与反思能力,个体因素在面对身份困境过程中的作用尤为显著。

(1) 专业学习

当一些心理教师感受到自我认同存在动摇的时候,会去选择继续学习,进行专业知识的学习和深入,来帮助自己更多思考。"当我的自我认同有动摇的时候,我就去看书。看着,心里面会有一个声音说,我觉得我不只是这样的,我不是只能做到这样子。……看这些人写的书,就觉得,哇,人家的工作真是有意义啊,我朝这个方向发展,我也会变得很有价值。"在专业学习中,心理教师不仅是提升专业知识结构,更是找寻身份认同的实现路径。"当你做到这些事情的时候,别人就不能否定你的价值,因为这些事情只有你能做。……即使他们固有观念再强烈,他们如果遇到这样的问题,他们做不了,你能做得了,这就是你价值的体现,这就是你这么多年发展的那个目标所在。"实现自身专业身份的价值会成为教师重要的学习动力,"我就会觉得这样自己就会完整一点,就不会矛盾了。"(Y-GZ-2)

(2) 专业认同

访谈中就可以看到心理教师不仅有教师身份认同,还有心理咨询师的专业身份认同,虽然对心理教师的专业学习提出了更多的要求,但同时,也给了心理教师很多自我的专业认同。"我就会一直想,只要心理咨询这个行业需求在,那你在这个专业上的不断发展,就不会白白耗费。你总会有一个位置,即使可能它是其他名字。"心理教师在心理咨询师专业学习中的付出也会成为自我认同重要的力量来源之一。"你这些专业上的成长,是不会被消磨的,可能它会有其他的名字,但是总有你的位置,总有你的价值去体现的地方。"

(Y-GZ-2)

（3）反思与信念

心理教师在面对认同困境时的自我反思会有助于其更好地平衡。"很多时候是那个困境到了，然后我当时并不知道怎么解决，只有我事后去反思的时候，我觉得可能，那个时候我这样的表达可能更清晰，更符合我的身份认同。"反思的过程中，教师会有感觉，会觉得自己"获得一些成长，我觉得好像更有力量了一点"。但这个反思是伴随着认同困境一直会出现的，也依然会有情绪上的压力。"但，面对下一次困境的时候，还是会有点担心。"（Y-GZ-2）

心理教师可以依托自己专业培养的分析能力对处于困境中的自己进行自我分析，这会有助于更好地规划，推动自身的发展。"自己有的时候也会静下心来，给自己列一列未来的规划，或者现在的困惑，给自己分析一下，做一个自我分析……这个职业就是这样子，是不断发展的。"（E-WZ-3）

心理教师的自我信念是支撑继续前行的重要动力，当面对困境时，"可能还是自己自有的一些信念吧，我觉得坚持做对的事情"。（G-CZ-1）

（4）争取多作为

心理教师个人的工作成效直接会影响在学校获得认同的程度，老师们就会很投入自己的工作，争取有所作为。"我很相信一句话，有作为才会有地位。心理老师怎么抓住机会去证明自己的价值？这个很难，因为我们没有可测量的考评嘛，但还是可以通过平时上好你的每一堂课，跟学生好好沟通，要经常去年级组跑一跑，不要闷在自己的咨询室里面。经常出去学习，经常跟学校主要部门交流工作近况……反正争取多做点事情，证明自己的存在价值。当你在多做的时候，总会有人看到！"在工作中通过积累经验不断提升自己的工作能力，"你也应该多写点论文，多搞点研究，去不断提升自己。你只有不断地提升自己的能力，把自己的实力打造出来，工作做得更好。那你肯定是会更好地得到认同，因为你也更强嘛！……我们要面对这个现实,你不行,就没有人会理你,那你一定要冲得出来。所以,还是要去做一个强大的心理老师。"通过工作努力做一个强大的心理教师来获得更多的认同,可以看到受访老师的斗志,也可以感受到一种力量。(G - WZ - 3)

2. 学校区域因素

作为学校教师类型中的少数群体,心理教师会潜在地或者有意识地寻找社会支持力量,比如学校领导同事的支持就会给他们很大的助力,包括区域教研和区域同侪的支持更是重要的助力来源。一些教师还会将被动获取社会支持转化为主动寻求社会支持,主动参与一些专业团队和项目小组以建构更多的社会支持,以帮助自己应对突破困境,积极健康地发展。

(1) 学校重视

学校领导和同事对于心理的一个重视程度,会营造出一个较好的学校氛围,会给心理教师很多认可。"学校的一个氛围,比如学校领导对心理重视程度,以及学校一线老师对心理教师如何看待。……虽然,可能会有些老师不理解我们,但是,我也遇到一些老师,他们非常重视孩子的心理,有问题就会来找你。这个时候,就会感觉自己是被需要的,觉得自己会更坚定一些。"(E - CZ - 1)

(2) 区域教研

每所学校的心理教师人数都十分稀少,区域层面的教研活动、小组研讨、同侪交流就显得十分珍贵。老师们不仅能在活动中互相学习,在交流研讨中获得实用的建议和帮助,更能在情感层面得到精神支持。"区里的团队,心理老师小伙伴这种,很重要。各种教研活动也好啊,或者平常的沟通聊天吐槽的各种交流也好啊,大家互相帮助,对工作的讨论啊,出出主意啊等。因为大家遇到的问题、困惑,都是差不多的。然后大家可以互相支持、互相鼓励。……大家这么多年一起共同工作下来,这部分支持还是挺好的,也是挺大的。"(G - GZ - 2)

(3) 同侪分享

心理教师可以主动和一些其他学校的心理教师沟通交流,在同样的群体中进行经验的分享、情绪的宣泄。"当有些东西可能有时候会动摇到我的自我认同的时候,会跟有经验的老师或者是前辈,还有同时段进来的这些心理老师去分享自己的困惑,跟同龄的老师去分享自己的困惑,有时候更像一个抱怨大会,大家都在诉说啊,我有这个,我也有这个,他们也这样对我,然后你就会觉得,大家都这样……好像抱怨完之后,你又会有一点点希望,那个抱怨完了之后,好像就清空了,就那些东西就都变成那些外界给你的了,就是你自己的好像还是你自己的,这样子。"(Y - GZ - 2)

区域心理教师之间的互助也是重要的支持。"像我们区氛围就很好,大家的关系就是会真的过来问,真的去跟和别校的老师交流。大家也都是非常热心地给予指导……即使自己学校没有,别的学校有一些支持也都是可以的。"(Y - WZ - 3)

领域里一些优秀的学校心理教师前辈会成为重要的学习榜样,激励着更多老师努力前行。"市里的、一些其他区的我的前辈,他们真的就是非常非常努力! 当然他们的高度,我是难以企及的。但是,他们其实给了我们很多的动力,我就是看到他们真的还在努力,非常努力地学习和研究,这是很好的榜样!"(G - GZ - 2)

3. 社会文化因素

文化是一种人类所特有的、经由后天习得与共同创造、为一定社会群体所共同享有的整合体。[①] 文化包含着由人类世代相传的实践和知识,是一个群体习得和共有的行为模式特征。[②] 学校身处社会文化之中,心理教师又身处学校文化之中,社会文化整体态度的发展与教育观念与制度的变革都会推动教师身份认同的动态变化,其中的积极因素会成为教师积极应对认同困境的重要动力。

(1)专业趋势

心理学的学科发展是会影响着心理教师的自我身份认同的,这

---

① 郑金洲著. 教育文化学[M]. 北京:人民教育出版社,2014:01—04.
② 图恩・梵・迪克 TEUNA. VANDIJK. 话语研究:多学科导论[M]. 重庆大学出版社,2015:298.

和很多其他学科存在不同,因为心理健康和心理咨询是有社会需求的。"对于未来心理学的预期,接下来的日子,尤其是物质条件更好的情况下,更多的人会更重视心理这一块,是有需求,有市场的。……这一点上可能也会影响我的期待。"(E-CZ-1)因此,学科本身在社会中的发展也有着显著影响。

(2) 社会整体态度

心理教师的身份首先是教师,当前社会对教师还是相当认可的。"我那时候找工作,父亲就说当老师好,算是个知识分子,老百姓的眼里总觉得老师比较好。"随着时代发展与社会进步,人们对于心理健康相关知识了解愈加丰富,对心理教师的认同度也就提升了。"人们会认为心理老师肯定是知识渊博的,会有很多社会上的一些认可。"社会整体对心理教师认同的态度也会在教师的生活中体现。"过年一些亲戚朋友会叫我老师,说我会读心术什么的……现在也知道这些个抑郁症焦虑症,对心理的认识提升了。"(E-WZ-3)

教师教育者们需要努力理解教师身份认同与自我之间的密切联系,了解情感在塑造身份认同中的作用,探寻话语和生活事件在理解身份认同中的力量,明晰反思在塑造身份认同中的价值,知晓身份认同与教师能动之间的联系,领悟促进或阻碍教师身份构建的语境因素,才能推动教师教育项目真正肩负起探索和发展教师身份认同的重要责任。

中文版教师专业身份认同量表

填表说明：请仔细阅读以下关于您日常教师专业身份的描述，请根据您的实际情况和感受，选择最符合您自身情况的一项。答案无所谓对错，不必对任何一条花太多时间去考虑，只要是平时的实际情况和感受就可以。

1　我能激励到那些原本对这门课程不感兴趣的学生。

2　当学生有疑惑时，我能进一步解释说明并举例。

3　我能营造有利于学习的氛围，即便是学习困难的学生也能融入进来。

4　我能调动所有学生参与到课堂中来。

5　我善于提出一些能激发学生学习兴趣的问题。

6　我能运用相应的教学策略，来满足各种不同学生的学习需求。

7　我能提升学生对自己学习能力的信心。

8　我能向学生解释清楚非常复杂的概念。

9　我能使用有效的方法进行课堂管理。

10　对于那些学习困难的学生，我可以帮助他们提高学习技能。

11　我能引导非常调皮的学生参与学习。

12　当学生可以自主掌握、安排自己的学习进程时，会学得更好。

13　当学生有机会讨论、探索和表达自己的看法时，会学得更好。

14　在教学中强调学习过程(即如何学习)时,学生会学得更好。

15　当学生在一起合作学习时,会学得更好。

16　当学生主动建构知识时,会学得更好。

17　教师的主要任务是培养学生的批判性和创造性思维。

18　教师的重要任务是促进学生相互之间的理解和尊重。

19　当学生通过转化已有知识达成学习目标时,会学得更好。

20　教师的重要任务是帮助学生为走向社会作好准备。

21　学生有时会质疑老师的教学,这很正常。

22　当教师让学生自己决定一些教学过程的安排时,学生会学得更好。

23　我选择当一名教师,因为这是我梦寐以求的职业。

24　我选择当一名教师,因为我喜欢学生。

25　我选择当一名教师,因为这份工作对社会十分重要。

26　我选择当一名教师,是想为社会发展做出贡献。

27　我选择当一名教师,因为教师的待遇比较好。

28　我选择当一名教师,因为教书可以让我更好地履行家庭义务。

29　我选择当一名教师,因为会有更多时间发展自己的兴趣爱好。

30　我选择当一名教师,因为会有良好的专业发展前景。

31　当教师在教学中强调并关注教学内容(即学到什么)时,学生会学得更好。

32　教师的主要任务在于提供给学生基础的知识和技能。

33　教师的重要任务是提高学生的学习成绩。

34*　如果能找到一份同样不错的工作,我会放弃教师职业。 *反向计分

35*　我目前的工作热情不如以前。 *反向计分

36*　我有时觉得教师工作不值得自己倾尽全力。 *反向计分

6 点计分,

1＝完全不同意,2＝基本不同意,3＝有点不同意,4＝有点同意,5＝基本同意,6＝完全同意,

＊反向计分

子量表为:

自我效能 11 题(题项 1—11),建构主义学习观 5 题(题项 12—16),建构主义教学观 6 题(题项 17—22),内部动机 4 题(题项 22—26),外部激励动机 4 题(题项 27—30),传统主义任务观 3 题(题项 31—33),专业承诺 3 题(题项 34—36)。

图书在版编目(CIP)数据

困境与突破:心理教师身份认同研究/周宇著. —上海:上海
三联书店,2023.12
ISBN 978-7-5426-8257-4

Ⅰ.①困… Ⅱ.①周… Ⅲ.①心理健康－健康教育－教学研
究－初中 Ⅳ.①G444

中国国家版本馆 CIP 数据核字(2023)第 184167 号

困境与突破:心理教师身份认同研究

著 者 / 周 宇

责任编辑 / 吴 慧
装帧设计 / 徐 徐
监 制 / 姚 军
责任校对 / 王凌霄

出版发行 / 上海三联书店
　　　　　(200030)中国上海市漕溪北路 331 号 A 座 6 楼
邮购电话 / 021－22895540
印 刷 / 上海惠敦印务科技有限公司

版 次 / 2023 年 12 月第 1 版
印 次 / 2023 年 12 月第 1 次印刷
开 本 / 640 mm×960 mm 1/16
字 数 / 170 千字
印 张 / 13
书 号 / ISBN 978－7－5426－8257－4/G·1691
定 价 / 72.00 元

敬启读者,如发现本书有印装质量问题,请与印刷厂联系 021－63779028